Aleksandar Tišma
Die Schule der Gottlosigkeit

Aus dem Serbokroatischen von
Barbara Antkowiak

Carl Hanser Verlag

Titel der Originalausgabe:
Škola bezbožništva, Nolit 1978

1 2 3 4 5 97 96 95 94 93

ISBN 3-446-17042-1

Satz: Fotosatz Otto Gutfreund GmbH, Darmstadt
Druck und Bindung: Franz Spiegel Buch GmbH, Ulm
Printed in Germany

Schneck

Schneck wurde vom Kopfweh wach. Die nächtliche Finsternis legte sich schwer auf seine Augen, als er sie öffnete. Ich nehme eine Tablette, dachte er, dann ist es morgen früh vorbei. Er schob die Hand vor – schon diese winzige Bewegung steigerte den Schmerz –, aber noch ehe er sie bis zum Nachtschränkchen ausgestreckt hatte, fiel ihm ein, daß er nicht zu Hause war, sondern in Loznica, im Hotel, und daß seine Medikamente ganz unten im Koffer lagen, den er auf dem Bänkchen neben der Tür abgesetzt hatte. Er mochte nicht aufstehen, ängstigte sich vor den Pein verursachenden Bewegungen; während er zögerte, fielen ihm die Augen wieder zu; und obwohl er wußte, daß er eine Dummheit beging und am nächsten Tag krank sein würde, überließ er sich dem Schlaf.

Aber am Morgen war der Schmerz verschwunden. Schneck wunderte sich; nie war er sein Kopfweh ohne Medikamente losgeworden. Er hatte Eltern, die beide häufig unter Kopfschmerzen litten, und kannte seit seiner Kindheit alle Phasen dieser Beschwernis und die entsprechenden Maßnahmen zu ihrer Bekämpfung. Sein Vater war magenleidend und bekam nach üppigeren Mahlzeiten außer Leibschmerzen auch Kopfweh, und seine Mutter lief sozusagen ständig mit verbundendem Kopf umher, schon am Morgen benommen und taumelig, um sich zwischen den häuslichen Pflichten – die sie ratenweise und mit Mühe verrichtete – für ganze Stunden ins Dunkel des Schlafzimmers zurückzuziehen. Medikamente wurden hier in großen Mengen genommen, aber gerade deshalb gab es von Zeit zu Zeit Versuche, ohne sie auszukommen. Dann hörte er jedesmal den Dialog zwischen Vater und Mutter, von denen einer die Hände an die Stirn preßte: »Wird es besser?« – »Im Gegenteil, schlimmer.« – »Hast du versucht, einen Kaffee zu trinken?« – »Schon drei seit heute morgen, aber es hilft nicht.« – »Dann mußt du halt eine Tablette nehmen.« Er selbst ging so ein

Risiko des Verzichts ungern ein, zumal er im Vergleich mit den Eltern seltener Kopfschmerzen hatte: alle drei, vier Tage oder in noch größeren Abständen. Und nun hatte er sich durch Zufall davon überzeugt, daß die Beschwerden auch von selbst verschwinden konnten.

Bald darauf ging er wieder auf Reisen – diesmal nach Sarajevo –, und als er im Hotel den Koffer auspackte, stellte er fest, daß er die Kopfschmerztabletten nicht mitgenommen hatte. Er ärgerte sich, denn er meinte – ein wenig abergläubisch –, das Übel werde ihn ereilen, bevor er eine Apotheke fand. Doch es verschonte ihn auch diesmal. Daraufhin begann er sich zu beobachten: In der Frühe war sein Kopf nicht mehr dumpf wie sonst, sondern von einer ungewohnten Klarheit; tagsüber schüttelte er ihn hin und wieder in der Erwartung eines Schwindels mit nachfolgender Bewußtlosigkeit, jedoch war alles sicher und fest. Nachdem er während eines Besuchs bei Ljiljana Kalajić so mit dem Kopf geschüttelt hatte, konnte er nicht umhin, ihr zu sagen: »Wissen Sie, was es bei mir Neues gibt?« (Er siezte sie, obwohl sie seit zwei Jahren ein Liebespaar waren.) Und als sie fragend die Brauen hob, mit gewisser Scham, weil er sie mit einer Bagatelle belästigte: »Meine Kopfschmerzen sind weg, schon seit zwei Monaten.« Statt sich jedoch zu freuen oder gleichgültig auf diese Mitteilung zu reagieren, runzelte sie besorgt ihre dichten Brauen und sagte: »Bloß das nicht, um Gottes willen!« Im selben Moment fiel ihm ein, warum sie das sagte, und er senkte den Blick.

Er erinnerte sich nämlich daran, daß Ljiljanas verstorbener Mann nicht mehr an Kopfschmerzen gelitten hatte, nachdem bei ihm eine Nervenkrankheit aufgetaucht war, die zu seinem späteren Tod führte, und daß ihm Ljiljana einmal von dieser ungewöhnlichen Tatsache erzählt hatte. Zu dieser Mitteilung war es überraschend und aus gegebenem Anlaß gekommen. Schneck nämlich hatte laut darüber nachgedacht, wie Krankheiten durch den menschlichen Körper wandern, vom Hals in die Nieren und in die Gelenke, worauf Ljiljana, plötzlich ernst, ergänzte: »Sie haben recht. Auch mein Mann wurde seine Kopfschmerzen fast am selben Tag los, als sich diese schreckliche Krankheit bei ihm zeigte.« Denn sie mochte die Krankheit ihres Mannes nicht beim Namen nennen; sie wich diesem Thema ebenso geflissentlich aus wie Schneck danach trachtete, es zu diskutieren.

Die Krankheit und der Tod des Ingenieurs Zoran Kalajić interessierten ihn bis zur Faszination, sie waren die eigentliche Grundlage seiner Liebe zu der Witwe. Wie man ein verlassenes, im Kellerfenster entdecktes halbverhungertes Kätzchen liebgewinnt, wie man eher bereit ist, ein elternloses Kind zu adoptieren als ein anderes, im Überfluß aufgewachsenes zu beherbergen, so neigte sich auch Schneck mit einer mitleidigen, von Selbstgefälligkeit nicht freien Befriedigung Ljiljana zu, nachdem sie ihren Mann verloren hatte. Übrigens hatte er diesen Verlust und seine jahrelange Vorgeschichte aus nächster Nähe beobachtet, da das Ehepaar Kalajić wie er in Belgrad nahe dem »Autokommando« wohnte und eine Art trauriger Attraktion der Gegend darstellte. Schnecks Wirtin, eine altjüngferliche pensionierte Postangestellte, drängte eines Vormittags, als er nach einer Dienstreise ausruhte, in sein Untermietzimmer, zerrte ihn ans Fenster und erklärte aufgeregt, indem sie auf die Straße wies: »Sehen Sie sich das an, er hält sich kaum auf den Beinen, dabei war er noch vor einem Jahr das blühende Leben.« Auf der anderen Straßenseite sah Schneck einen relativ hochgewachsenen Mann in schönem hellgrauem Anzug, der sich auf eine kleine, rundliche, brünette Frau stützte und sich mit kleinen, kraftlosen Schritten vorwärtsbewegte. Später sah er das Paar öfter Arm in Arm auf der Straße, und einmal auf dem Heimweg beobachtete er den

Ingenieur Kalajić beim Verlassen des Friseursalons, den er auch selbst aufsuchte, das Haar geschnitten und frisch rasiert und mit besorgtem Blick auf der Suche nach der fehlenden Stütze. Plötzlich erstrahlte das schöne, schmale Gesicht des Mannes, der sich am Türrahmen festhielt, um nicht zu stürzen; ihm entgegen kam die rundliche kleine Frau fast im Laufschritt, und vor den Augen Schnecks, der unwillkürlich stehenblieb, faßten sie sich an den Händen, lehnten sich aneinander und gingen fast miteinander verschmolzen weiter zu ihrem Heim, einem ebenerdigen Gartenhäuschen. Er war erschüttert; in diesem Augenblick beneidete er den jugendlich wirkenden Kranken.

Später erfuhr er, daß dieser nicht mehr ausging; die Frau sah er auch nicht mehr, und als er sie wieder zu Gesicht bekam, trug sie Schwarz. Ja, der Mann sei endlich gestorben, er war von seinen Qualen erlöst, teilte ihm die Wirtin bedrückt mit, und er empfand zum erstenmal in jemandes Tod etwas Majestätisches, fast einen Sieg der Menschenliebe.

Danach begegnete er der Witwe auch weiterhin, zunächst in Trauer, dann in ihren normalen verschiedenfarbigen Kleidern; er entbot ihr als Nachbar seinen Gruß, den sie gern und neugierig erwiderte. Eines warmen Abends, als er nach einem Spaziergang zum Stadtcafé kam, sah er sie allein an einem der wenigen nicht überfüllten Tische sitzen, trat nach vergeblicher Umschau zu ihr und bat um die Erlaubnis, Platz nehmen zu dürfen. Sie kamen einander sofort näher, denn sie war im Gespräch offen und heiter und ähnelte nicht im geringsten jener düster trauernden Frau, die er in Gedanken getröstet hatte; sie gestand ihm frei heraus, daß auch sie ihn seit langem kannte und dies und jenes über ihn wußte. Sie nahm seine Einladung zum Abendessen an; sie redeten viel, tranken reichlich und tauschten noch am selben Abend vor ihrem Haus, wohin er sie begleitete, die ersten, empfindsamen und ungeschickten Küsse, als wären sie beide noch ganz unerfahren. Er bat sie um ein Wiedersehen, und sie lud ihn für den nächsten Tag zum Kaffee ein; sie empfing ihn in einem abgetrennten Zimmer in der Wohnung ihrer Eltern; sie begannen sich wieder zu küssen und wurden ein Liebespaar.

Aber sie sträubte sich gegen das »Du«, mit dem er sie schon vor dem Haustor angeredet hatte. »Nur weil wir uns geküßt haben? Nein, nein, bleiben wir beim ›Sie‹.« Er war sofort einverstanden und verlangte auch später nicht, daß sich daran etwas änderte. Diese ein wenig offizielle Anrede gefiel ihm, sie war etwas Besonderes wie ein Spiel und markierte auch eine gewisse, unüberschreitbare Grenze. Diese Grenze identifizierte Schneck mit der Erinnerung an den Verstorbenen, wodurch Ljiljana in seinen Augen nur größer wurde. Sie bleibt ihm treu, dachte er ohne Bedauern. Er selbst wollte ihm treu bleiben, treu jenem Bild der beiden strahlenden, miteinander verschmolzenen Gestalten, das ihn mit einem so seligen Gefühl erfüllt hatte. Nun, da er Ljiljana liebte, suchte er weiter nach diesem Gefühl und stellte ihr Fragen nach ihrer Ehe. Sie indes antwortete mit Zurückhaltung, was ihm angemessen erschien, obwohl es die Befriedigung seiner Neugier erschwerte. Er mußte kleine Tricks erfinden, um sie zu überlisten. So spazierte er nackt durch das Zimmer mit den über Eck stehenden Sofas und fragte: »Wie haben Sie beide geschlafen? Wo lagen Ihre Köpfe?« Und erfuhr zufrieden, fast stolz, daß sie Kopf an Kopf gelegen hatten, so daß er sich vorstellen konnte, wie sie einander morgens sofort aus unmittelbarer Nähe erblickten. Er erfuhr auch etwas über ihre Eßgewohnheiten: sie kochte nicht gern, also hatte man sich von Broten oder Schnellgerichten ernährt, war jedoch von Zeit zu Zeit in ein exklusives Restaurant zum Essen gegangen. »Für ein gutes Essen war uns das Geld nicht zu schade«, gestand sie, und ihm blieb es überlassen einzuschätzen, ob diese Verschwendung ihrem oder seinem Wunsch entsprach. Er vermutete, daß der Verstorbene sich nach ihr gerichtet hatte, denn er stellte fest, daß sie auch jetzt keine Lust zur Hausarbeit hatte, obwohl sie keiner Beschäftigung nachging und bei Vater und Mutter lebte, die als pensionierter Richter und pensionierte Lehrerin auskömmliche Renten bekamen. Er äußerte sein Erstaunen, weil sie keine Arbeit suchte, obwohl sie ein Pharmaziestudium absolviert hatte, aber dieses Erstaunen war erheuchelt, es diente nur der Erforschung jener unbekannten Vergangenheit, die ihn so sehr anzog. »Sie reden wie mein Mann«, entgegnete sie schroff, und ihm schlug das Herz höher, weil er auf eine Spur gestoßen und eine unverhoffte Übereinstimmung zwischen ihm und dem Verstorbenen aufgetaucht war. Er wollte ihm möglichst ähnlich sein, denn er war Zeuge der Seligkeit geworden, deren jener teilhaftig gewesen war. Zugleich überzeugte er sich davon, wie begründet diese Seligkeit war. Ljiljana vermochte sie aus dem Nichts hervorzuzaubern, aus dem, was sie von anderen Frauen unterschied. Sie arbeitete nicht, kochte nicht, putzte nicht; sie schmarotzte auf Kosten ihrer Eltern, wie sie es eine Zeitlang auf Kosten ihres Mannes getan hatte. Wenn die von ihrer Mutter angestellte Putzfrau ins Haus kam, ging Ljiljana für den ganzen Tag weg, schlenderte durch die Geschäfte und saß vor den Cafés – wie damals, als sie Schneck getroffen hatte. Sie benahm sich auch als Geliebte nicht so geschäftig und ergeben wie andere, sondern eher oberflächlich, fast spielerisch, neugierig, ohne Routine, obwohl sie mehr als ein halbes Jahrzehnt verheiratet gewesen war. Sie schien ohne Erfahrung daraus hervorgegangen zu sein, so wie auch jetzt keine Umarmung, keine Begegnung, kein Gespräch eine Erfahrung bei ihr hinterließ. Bei ihr gab es keine Fortsetzung, jedes Zusammentreffen mit ihr war ein Anfang, jeder ihrer Auftritte unerwartet, unberechenbar, aber gerade deshalb voller Reiz. Selten bewirtete sie Schneck mit etwas, weil sei einfach vergeßlich war, und wenn sie ihm einmal einen Kaffee anbot wie bei seinem ersten Besuch, zu dem sie ihn eingeladen hatte, dann trug dieser Akt alle Farben des Neuen: sie fand sich kaum mit dem Geschirr ihrer Mutter zurecht, das sie aus der Küche holen mußte, sie suchte im Schrank nach Kaffee, Zucker und Kaffeetöpfchen, aber wenn sie schließlich mit dem Tablett zurückkam, machte ihr siegreiches Lächeln eines Kindes, das über sich selbst hinausgewachsen ist, alle verlorenen Minuten wett. Schneck begehrte sie, obwohl sie nicht schön war; ihr draller, kurzer, bronzefarbener Körper roch nach der Rinde junger Bäume, und wenn sie das Bett verließ, um sich im Bad zu waschen, konnte er, unersättlich wie nie, es kaum erwarten, daß sie wieder zu ihm kam mit ihrem Hauch unzerstörbarer Frische, ihren Scherzen, neugierigen Fragen, Grimassen, Bemerkungen, all der Ungebundenheit ihres müßigen Lebens, die ihn weich und jung umfing wie das Blatt einer Teichrose.

Aber dieses Glück mußte er mit einer Krankheit bezahlen, dessen wurde er sich bewußt, als er bald nach dem Verschwinden der Kopfschmerzen einen Krampf im rechten Bein bekam. Es war kein schmerzhafter Krampf, nur eine gewisse Starre des Fußgelenks, die aber dem ganzen Bein die Standfestigkeit nahm. Er warf es jetzt aufs Geratewohl voran, wie man dem Vieh sein Futter hinwirft, das so oder so aufgenommen wird – und der Fuß berührte tatsächlich den Boden, wurde zur notwendigen Stütze für das andere, vom Krampf verschonte Bein. Doch das war nur der Anfang, begriff er, und er lauerte auf eine Gelegenheit, um Ljiljana unauffällig zu fragen: »Wie lange waren Sie verheiratet, als Ihr Mann erkrankte?« – »Zwei Jahre«, antwortete sie mißtrauisch. »Warum fragen Sie?« – »Nur so«, murmelte er und rechnete im stillen nach. Seit dem Beginn ihrer Beziehung waren fünfundzwanzig Monate vergangen.

Er zweifelte nicht mehr daran, daß die Krankheit von ihr ausging, von der Berührung mit ihr. Da war ein Keim in ihr, unbemerkt und unschädlich für sie, aber verhängnisvoll für alle, die mit ihr in Berührung kamen. Wie aber kam es, daß ihre Eltern, die er hinter den dünnen Gardinen ihres Fensters und auf der Straße beobachtete, sich zwar greisenhaft, jedoch ohne Krankheitssymptome bewegten? Vielleicht glimmte die Krankheit nur in Ljiljanas Schoß und griff von dort aus um sich zusammen mit dem Duft nach Frische, den ihr Körper vor allem während des Beischlafs so betäubend verströmte.

Er überlegte, was er tun sollte. Er hätte sie verlassen und sich dadurch von den Krankheitskeimen und vielleicht mit der Zeit auch von der Krankheit selbst befreien können. Es erschien ihm sogar als seine Pflicht, ihr zu sagen, welches Übel sie in sich trug, und auch medizinische Kreise darauf aufmerksam zu machen. Nie hatte er von einer Lähmung gehört, deren Ursache in den Geschlechtsorganen einer ansonsten gesunden Frau lag; aber man war über Krankheiten so ungenügend oder auch falsch informiert; nicht selten kam es zu umwälzenden Entdeckungen, die sie in völlig neuem Licht zeigten und sie gerade dadurch, nach langen Irrwegen, wirksamen Behandlungsmethoden zugänglich machten.

Während er mit solchen Überlegungen beschäftigt war, besuchte er sie jedoch weiterhin. Er war dienstlich oft, mehrmals im Monat, außerhalb Belgrads unterwegs, und wenn er endlich in seine kleine Wohnung zurückgekehrt war und sich ein wenig ausgeruht hatte, dann hörte er die Stille und Einsamkeit des Zimmerchens förmlich schreien: »Worauf wartest du? Sie ist hier, nur hundert Schritt weit. Geh hin und entspanne dich!« Er stand auf und machte sich hinkend – vorerst nur, solange ihn niemand sah, obwohl der Krampf sein rechtes Bein immer unsicherer machte – auf den Weg und nahm sich zugleich vor, lediglich mit ihr zu reden, sie nicht zu berühren. Auch das war möglich, denn sie verlangte nie, mit ihm ins Bett zu gehen, so als vergäße sie jedesmal, daß sie das schon getan hatte; sie empfing ihn heiter und frisch in ihrer Muße, erkundigte sich nach der Reise, nach den Begegnungen, die er dort gehabt hatte, forschte mit mutwilligem Eifer nach Frauen, Eroberungen, verdächtigte ihn, mit der einen oder anderen auch geschlafen zu haben, aber all das ohne Bosheit, scherzend, so als wäre er nicht ihr Liebhaber, sondern nur ein guter Freund. Gerade diese Unbefangenheit, dieser Eindruck der Unabhängigkeit, der sie umgab, drängten ihn, zu überprüfen, ob Ljiljana wirklich die Seine war, ob das nicht eine Täuschung, eine Erfindung seiner Phantasie war – eine Projektion jenes seligen Bildes von ihr und dem nunmehr schon lange toten Mann an ihrer Seite –, also bat er sie, mit ihm ins Bett zu gehen. Und ebenso bereitwillig, wie sie ihn als bloßen Gesprächspartner akzeptierte, machte sie sich daran, das Lager herzurichten, suchte lange in den Schüben nach Laken, Kissen, Decken, was auf seltsame Weise den Eindruck des Spielerischen und der Heiterkeit verdichtete, so daß er sich sorglos und glücklich in das endlich bereitete Nest begab.

Auch Schneck hatte bereits eine – verfehlte – Ehe hinter sich. Als er vor dem Krieg in Novi Sad eine Anwaltskanzlei eröffnet hatte, wollte er auch eine Familie gründen, und da er häßlich war – rotes Haar, rote Haut, farblose Augen und Lippen –, erwählte er mit arroganter Berechnung die schöne Tochter eines reichen jüdischen Galanteriewarenhändlers, die ihm auf dem Korso aufgefallen war. Aber sie fiel auch anderen auf, und das wurde, nachdem sie geheiratet hatten, zu einer Quelle ständiger Ärgernisse. Henriette, die junge Frau, paradierte mit ihrem langbeinigen, hochgewachsenen Körper und den großen grünen Augen in ständig neuen Kleidern, Schuhen und Mänteln, deren Bezahlung sie gereizt von ihm einforderte, wobei sie ihm seine eigene Unansehnlichkeit vorhielt; während er in der Kanzlei und bei Gericht beschäftigt war, empfing sie daheim leichtfertige Burschen und Mädchen, die zur arbeitsscheuen Jeunesse dorée zählten, tanzte mit ihnen zu Grammophonklängen und füllte die Zimmer mit Tabakrauch und Alkoholdünsten; bald erhielt Schneck auch Beweise für ihre Untreue. Die Erniedrigungen dieser Ehe stachelten vielleicht seinen beruflichen Ehrgeiz an, der das einzige war, was ihm jetzt blieb: er versuchte, nicht an sein Zuhause, seine Frau zu denken, sondern arbeitete nur, saß bis spät nachts im Büro über den Akten, um mit schlauen, unwiderlegbaren Beweisen und Anträgen bei den Terminen aufzutreten, wodurch er bald zu Ansehen gelangte. Aber diese Reputation, die für ihn nur ein Ersatz war, kam ihn wiederum teuer zu stehen: kaum daß der kurze Aprilkrieg vorüber und Novi Sad von ungarischen und deutschen Truppen okkupiert war, setzten ihn die deutschen Anwälte als einen der ersten auf die schwarze Liste, und statt daß er wie die anderen Juden langsam und allmählich seine Freiheit, das Recht auf Arbeit und Besitz und schließlich auch das Recht auf Leben verlor, überrumpelte ihn die Gestapo eines Morgens beim Friseur, wo er sich rasieren ließ, und transportierte ihn mit einem Spezialfahrzeug in das soeben gegründete Lager in Bačka Topola. Zwei Tage später traf dort infolge von jemandes Übereifer auch seine Frau Henriette ein, wovon sich Schneck zu seinem Entsetzen beim Arbeitsappell überzeugte, als sich die Kolonnen der internierten Männer und Frauen gegenüberstanden. Aber sie blieb nicht lange in ihrer Kolonne und der Frauenbaracke, wo die dünne Strohschütte naß war vom Urin der Greisinnen und Kinder, die nicht bis zum morgendlichen Latrinengang durchhalten konnten. Der Lagerkommandant bemerkte sie, er mußte sie bemerken, so weißhäutig, großäugig, großgewachsen wie eine Karyatide, an den ersten Tagen noch sauber und adrett gekleidet, und da er, von seiner Familie im heimatlichen Ungarn entfernt und allein in dieser Einöde, wo er die höchste Macht darstellte, gierig auf Frauen war, holte er sie als Putzfrau ins Lagerbüro. Hier schlief und aß sie auch – außer wenn eine Inspektion aus der Stadt kam –, sie wurde seine Konkubine. Nunmehr sah Schneck sie von seinem Platz aus – morgens, wenn die Internierten in Zweierreihen zum Abmarsch aufs Feld antraten, wo sie mit den Händen Kartoffeln ausgruben, und abends, wenn sie todmüde, staubig und verprügelt dem Zählappell Folge leisteten: mit offenem Haar, in einem fremden Kleid, das ihre langen Beine weit entblößte, an der Tür des Verwaltungsgebäudes lehnen oder den Hof mit einem Tablett überqueren, auf dem sie dem Kommandanten das Essen brachte. Er litt, wälzte sich nachts auf dem Stroh, hatte statt Träumen obszöne Visionen von ihren Ausschweifungen, er schämte sich vor seinen Leidensgefährten, die alles wußten. Dennoch war sie es, die es nicht mehr aushielt, ihn so gedemütigt zu sehen. Die Gestapo hatte Schneck nach seiner Festnahme, da diese auf dem erweiterten ungarischen Territorium erfolgt war, den ungarischen Militärbehörden übergeben, denen auch das Lager Băcka Topola unterstand; sie betrieb jedoch eifersüchtig die Auslieferung aller Gefangenen, von denen sich herausstellte, daß sie zumindest ihrer Herkunft nach zu dem von den Deutschen besetzten Gebiet gehörten. Frau Schneck bekam diese Information aus erster Quelle und nutzte sie, um den lästigen Zeugen loszuwerden. Ein offenes Militärauto fuhr aufs Lagergelände; ein deutscher Offizier und zwei Soldaten sprangen heraus; der Offizier betrat das Verwaltungsgebäude, ein ungarischer Soldat holte eiligst Schneck aus der Männerbaracke herbei, und als er im Büro stand, erschien seine Frau Henriette in der Tür, zeigte mit ausgestrecktem Finger auf den Gefangenen und erklärte in gebrochenem Deutsch: »Ja, das ist mein Mann Stevan Schneck. Er ist in Serbien geboren, sein ungarischer Taufschein ist gefälscht.« – »Sie lügt!« rief Schneck entsetzt und sah den deutschen Offizier bittend an. Aber Henriettes Liebhaber, der Lagerkommandant, der in Hemdsärmeln und ohne Mütze bei der Gegenüberstellung anwesend war, gab seinen Soldaten einen Wink; sie stürzten sich auf Schneck und warfen ihn zu Boden. Sie schleppten ihn zum Auto, der deutsche Offizier salutierte, stieg mit seinen Soldaten ein, den Internierten zu seinen Füßen auf dem Wagenboden, und jagte über die Pontonbrücke zum jenseitigen Donauufer, in der Tasche eine von der Lagerverwaltung vorbereitete und getippte Liste für Belgrad.

Die dritte Folge von Schnecks unrühmlicher Ehe war, daß er der Knechtschaft und dem gewaltsamen Tod entkam. Kaum in Belgrad angekommen, wurde er von den Deutschen einem Trupp zum Trümmerräumen zugeteilt, aber in seiner selbstmörderischen Erbitterung über Henriettes Verrat ergriff er – statt zu dulden und zu gehorchen wie in Topola – die erste Gelegenheit zur Flucht. Er trat einfach hinter einen Ziegelhaufen, um zu urinieren. Als er den Hosenschlitz schloß, wurde ihm klar, daß er nicht mehr die Kraft hatte, unter die Knute der Bewacher und ihrer Flüche zurückzukehren, er rannte an den Trümmerhaufen vorbei und stürzte sich durch ein scheibenloses Fenster in die benachbarte Straße. Sie schossen hinterher, trafen ihn jedoch nicht, und so entwischte er, bevor sie um die Ruine herumlaufen konnten. In einem Kellerversteck verbrachte er zwei Tage und schreckte bei jedem Rascheln hoch; wenn er unerträglichen Hunger hatte und meinte, daß alles ruhig war, ging er hinaus ans Tageslicht und bettelte in nahe gelegenen Häusern um etwas zu essen. In einem engen Hof tauchte hinter der Frau, an die er sich gewandt hatte – er achtete darauf, nur Frauen anzusprechen –, unerwartet ein Mann mit dichtem graumeliertem Haar und in reinem weißem Hemd auf und fragte streng, wer er sei und woher er komme. Schneck erschrak derart, daß er weglaufen wollte. Aber der Mann bemühte sich, den Eindruck zu mildern, den seine Schroffheit hervorgerufen hatte, und da die Frau schon Brot für den Bettler schnitt, lud er Schneck ein, es in Ruhe am Küchentisch zu verzehren. Als dieser so plötzlich einen freundlich angebotenen Bissen vor sich hatte, dem die Frau auf einen Wink ihres Mannes noch ein Glas frischbereiteten Fruchtsaft beigab, begann er hemmungslos zu weinen. Der Mann setzte sich zu ihm, legte ihm die Hand auf die Schulter und fragte ihn wieder, wer er sei, worauf Schneck, noch immer schluchzend, den Kopf schüttelte, bis ihm einfiel, daß er mehr als begründeten Verdacht auf sich zog, und so stammelte er schließlich, er sei ein Flüchtling aus der Bačka. Womit er ihm helfen könne, fragte der Mann weiter. Mit nichts. Schneck hob die vom Weinen zitternden Schultern und begriff in diesem Augenblick, daß ihm wirklich niemand helfen konnte, da ihn die Deutschen früher oder später gefangennehmen und, weil er ohne Papiere war, unter der Folter zur Preisgabe seiner Identität zwingen würden. Dieser Gedanke an die Unausweichlichkeit künftiger Leiden holte ihn aus seiner Rührung zurück; er reckte den Kopf, sah dem Mann in die Augen und sagte, daß er am dringendsten Papiere brauche. Der Mann nahm schweigend die Hand von seiner Schulter, während Schneck sich über Speise und Trank hermachte, und als er alles gegessen und getrunken hatte, bat ihn der Mann, sitzenzubleiben, stand selbst seufzend vom Tisch auf, rief seine Frau aus der Küche ins Zimmer, flüsterte dort mit ihr und suchte nach etwas, um schließlich mit einem gefalteten Zettel wiederzukommen, den er Schneck reichte. »Das ist die Anmeldung unseres Untermieters, eines jungen Mannes«, sagte er. »Er wurde im März mobilisiert, und wir wissen nichts über ihn. Wahrscheinlich ist er in Gefangenschaft geraten. Aber selbst wenn er zufällig wieder auftaucht, kommt er schon irgendwie zurecht.« Schneck nahm das Papier, verneigte sich unbeholfen und verließ auf Schleichwegen die Küche und den Hof.

Das erste, was er tat, war, aus Belgrad zu verschwinden, wo es von deutschen Soldaten und Offizieren wimmelte, unter denen irgendwo auch seine einstigen Eskorteure und Bewacher waren, die nur darauf warteten, ihn jedem Dokument zum Trotz wiederzuerkennen und festzunehmen. Blindlings schlug er den Weg ein, der von der Bačka wegführte, und als er die Landstraße erreicht hatte, bat er um einen Platz auf einem Fuhrwerk, das ein junger Bauer leer aus der Stadt zurückbrachte. Der Bauer fragte während der Fahrt, wohin Schneck wolle, und dieser log, daß er aus Niš stamme, vor Ausbruch des Krieges aus beruflichen Gründen nach Belgrad gekommen und nun unterwegs sei, um daheim nach seinen Angehörigen zu sehen. Sie fuhren bis Vreoci, wo der Bauer zu Hause war. Im Abenddämmer kamen sie an, und während Schneck nach dem Verlassen des Fuhrwerks unschlüssig im Hof herumstand, verständigte sich der Bauer in wenigen Worten mit seiner Mutter, die herausgekommen war, um ihm beim Abschirren zu helfen. Er bot dem Fremden ein Nachtlager an. Erst hier, in der Sommerküche, wo man ihm eine Bettstatt bereitet hatte, studierte Schneck das Dokument, das ihm in Belgrad geschenkt worden war: es lautete auf einen gewissen Miloje Saratlić, vier Jahre jünger als er selbst, gebürtig aus Bojkovac. Damit wußte er, wohin er sich auf keinen Fall wenden durfte. Am Morgen bat er den Bauern, bei ihm fürs Essen arbeiten zu dürfen, aber als dieser sah, wie ungeschickt sich Schneck anstellte, reagierte er erstaunt und abweisend. Um nicht weiteren Verdacht zu erregen, verabschiedete sich

Schneck unter dem Vorwand, möglichst schnell seine Eltern aufsuchen zu wollen, und machte sich auf den Weg. Zu Fuß gelangte er nach Lazarevac und begab sich ins Stadtzentrum, wo er in der Menschenmenge unterzutauchen hoffte. Hier auf dem Markt zwischen den Ständen, an denen er nichts kaufen konnte, hörte er, wie ein Trommler den Befehl ausgab, die in der Stadt anwesenden Fremden hätten sich bei der Gemeinde zu melden, um einen Passierschein zu erhalten. Hin- und hergerissen zwischen der Angst, freiwillig den Kopf in den Rachen der Behörden zu stecken, und einer neuen Überzeugung, daß ihm seit seinem Aufenthalt in Serbien das Glück günstig sei, legte er wie im Halbschlaf die hundert Meter bis zum Rathaus zurück, wies sein Dokument vor und erhielt als einer der ersten, während die Beamten der neuen Anweisung noch unsicher gegenüberstanden, einen Passierschein nach Niš. Mit dem Dokument in der Tasche verließ er eilig Lazarevac und gelangte am späten Nachmittag nach Lajkovac, wo er sich in einem Pflaumengarten versteckte. Hier übernachtete er und begab sich am Morgen in die Stadt. Er suchte wieder den Markt auf und bot den paar Händlern für ein bißchen Essen seine Hilfe an. Sie wiesen ihn erstaunt zurück, aber da er, durch den Besitz des Passierscheins ermutigt, sein Verlangen mit der Not des Flüchtlings und Heimkehrers erklärte, schenkten sie ihm Tomaten und Paprika und ein paar Dinar. Davon kaufte er Brot, aß sich satt und mietete auf den Hinweis einer älteren Frau, die er angesprochen hatte, ein Nachtlager bei einem Mann, der die Markthändler und ihre Ware für wenig Geld bei sich aufnahm. Tags darauf fand sich für ihn auch Arbeit, mehr auf Grund seines bittenden Auftretens als aus Notwendigkeit: er half etwas zu heben, zu tragen, die Wagen abzuladen. Allmählich gewöhnte man sich an ihn; er wurde aushilfsweise und gegen ein kleines Entgelt Lastenträger. Auch äußerlich paßte er sich seiner neuen Rolle schnell an: seine Kleidung zerschliß, er flickte sie ungeschickt mit Nadel und Faden, die er von der Wirtin erbat; sein rotes Haar verbarg er unter einer alten Mütze, die er bis über die Brauen zog. Dennoch hielt es ihn dort nicht länger als einen Monat; er begab sich in die nächste Stadt, um auch hier nur so lange zu bleiben, bis man sich an ihn gewöhnt hatte. Der Vorwand, unter dem er existierte, drängte ihn einem erdachten Ziel entgegen, und die Tatsache, daß man ihn nach ein paar Tagen kannte als den Gelegenheitsarbeiter Miloje Saratlić, der unterwegs war nach Niš, machte ihn eher nervös, als daß sie ihn beruhigte. Allmählich begann er an seine falsche Identität zu glauben beziehungsweise an der echten zu zweifeln; wenn er den Ruf hörte: »He, Miloje, faß an!«, überkam ihn das Gefühl, daß ihm der Boden unter den Füßen wegrutschte und er in der Luft hing, und später blickte er in dem Schuppen oder der Kammer, wo er übernachtete, heimlich in den Spiegelscherben, den er nebst Rasiermesser und einem Stück Seife in der Tasche trug, und fragte sich, ob er wirklich Schneck war, der Mann auf der Flucht, oder ein imaginäres Wesen, und diese Vorstellung ängstigte ihn wie ein Gift. In jedem Ort baute er mit Hilfe des schon völlig vergilbten und zerfransten Passierscheins, den seltsamerweise nie jemand zu sehen verlangt hatte, jene fiktive Persönlichkeit auf, weil ihm nichts anderes übrigblieb und weil sie ihm im Umgang mit Menschen Sicherheit gab. In dieser Doppelrolle schlug er sich durch Serbien und die Okkupation, zeigte Menschen, Gebäuden, bewaffneten Patrouillen, Szenen der Bestrafung und des Leidens sein falsches Gesicht, das nach außen darauf lauerte, ob es erkannt, entdeckt würde, und innerlich nach der Wahrheit über sich selbst grub, die ihm mal hierhin, mal dorthin entwich. Er war völlig heruntergekommen, trug fremde, zerrissene und geflickte Anzüge, fremde, vom Schmutz vergilbte leinene Bauernhemden, fremde

Unterwäsche, fremde, von anderen Füßen krummgetretene Schuhe. Sein Gang veränderte sich, Hände und Gesicht bekamen eine grobe, dunkle Haut. Infolge der Anstrengungen und der Unterernährung erlahmte sein Wille, und oft erhob er sich benommen von seinem provisorischen Lager und blinzelte ängstlich in den neuen Tag. Der Schneck in ihm schmolz immer weiter dahin, wurde zur schemenhaften Erinnerung, die er von sich wies wie eine trunkene Vision. So ereilte ihn die Befreiung in Deligrad, wo er bei einem Müller Arbeit gefunden hatte. Als die ersten Partisanen, die fast ebenso entkräftet waren wie er, in die Stadt einmarschierten und von den Bewohnern, mit denen auch er auf die Hauptstraße rannte, begeistert empfangen wurden, meldete sich Schneck aus Angst, daß es zu einer neuen Wendung kommen könnte, die ihn wieder der Macht der Deutschen unterwerfen würde, als Soldat bei der neuen Kommandantur. Erst hier berief er sich stammelnd auf seinen wirklichen Namen, da er aber seine Identität nicht nachweisen konnte, wurde er in einem beschlagnahmten Gebäude in Arrest genommen. Daraus wurde er nach dem Eintreffen der Division erst durch deren Kommissar befreit, einen Studenten, der von seinem Fall erfuhr und ihn zu sich befahl. Er setzte mit ihm ein Protokoll auf und teilte ihn als Höhergebildeten in die Pionierabteilung der Division ein. Mit ihr zog Schneck, der allmählich zu Kräften kam und sich an seine neue Identität gewöhnte, durch Serbien und die Bačka bis nach Slawonien, wo er das Ende des Krieges erlebte. Seines Alters wegen wurde er als einer der ersten demobilisiert, doch das machte ihm keine Freude, da er wußte, daß nirgends jemand auf ihn wartete. Dennoch reiste er, sobald er Zivilkleidung gefaßt hatte, unverzüglich nach Belgrad, stieg in einer Unterkunft für Demobilisierte ab und machte sich auf die Suche nach dem Mann, der ihm fast vier Jahre zuvor das fremde Anmeldepapier geschenkt hatte. Er konnte das Haus nicht finden, weder nach der Erinnerung noch durch Erkundigungen. Bei der Miliz fragte er nach der Adresse von Miloje Saratlić, ebenfalls erfolglos. Dennoch beschloß er, in dieser Stadt zu bleiben, wo ihm das Leben neu geschenkt worden war; nach Novi Sad, wo man es ihm hatte nehmen wollen, reiste er viel später, als er schon Arbeit hatte, nur auf einen Tag, um bei der Anwaltskammer eine Bescheinigung abzuholen. Hier berichtete ihm ein ehemaliger Kollege vom Schicksal seiner Frau Henriette: sie hatte mit dem Lagerkommandanten gelebt, bis die Pfeilkreuzler an die Macht kamen, und war dann mit den anderen Internierten nach Deutschland transportiert und dort umgebracht worden. Ihn ergriff Trauer ihretwegen, denn jetzt, wo er sie nicht mehr hassen konnte, wurde ihm klar, daß sie erbittert und vergebens um ihr physisches Überleben gekämpft hatte, vielleicht schon seit dem Augenblick, da sie ihn zu betrügen begann, weil sie die eigene Bedrohung ahnte – und daß sie ihn damit, ohne es zu wollen, vor der Vernichtung bewahrt hatte.

Ljiljana ist nicht so, dachte er jetzt, als er seine Geliebte mit der einzigen anderen Frau verglich, an die ihn jemals Gefühle gebunden hatten: sie kämpft nicht, denn sie hat keine Angst, und darum bringt sie kein Unglück. Ljiljana ist ganz dem Leben zugewandt, ihr steht der Tod nicht an, auch nicht der eines anderen, und darum konnte ihr Mann seinem Ende ruhig entgegensehen. Er selbst war bereits entschlossen, einen solchen Tod zu akzeptieren; da ihn die Krankheit mit ihren Keimen oder sonstwie ohnehin erfaßt hatte, würde sie fortschreiten, ganz gleich, ob sie wieder mit ihrer Ursache in Berührung kam oder nicht.

Jedenfalls war die Krankheit in ihm, sie eroberte ihn langsam und unerbittlich. Inzwischen war nach dem Bein auch sein rechter Arm von dem Krampf befallen, der die Muskeln dem Einfluß des Willens entzog. Widerstrebend beschloß er, einen Arzt zu konsultieren. Seine Wahl fiel auf einen Kollegen in der Versicherungsgesellschaft, in der er auch seit seiner Demobilisierung arbeitete – denn zur Anwaltstätigkeit, die ihm nur Haß eingetragen hatte, war er ebensowenig zurückgekehrt wie nach Novi Sad –, Dr. Marko Hadživuković, ein seriöser und wortkarger Mann seines Alters, mit dem er oft und erfolgreich bei Lokalterminen zusammengewirkt hatte. Er erzählte ihm von seinen Beschwerden, und der Arzt lud ihn in seine stille, ziemlich vernachlässigte Junggesellenwohnung ein, wo die Untersuchung ohne Eile, bei einem Kaffee, stattfand. Schneck zog sich aus, präsentierte seine halbgelähmten Gliedmaßen, Dr. Hadživuković beklopfte ihn, stach ihm sanft eine Nadel ins Fleisch und erlaubte ihm, sich wieder anzuziehen. Die Lähmung, meinte er, sei zweifellos nervlich bedingt, mehr könne er nach dieser einfachen Untersuchung nicht feststellen. Schneck solle sich im Krankenhaus einer gründlicheren Diagnose mit Hilfe moderner Apparaturen unterziehen, woraus sich auch die entsprechende Therapie ergeben würde. Schneck jedoch schüttelte den Kopf: da er nun die Bestätigung hatte, daß es diese Krankheit gab und daß sie derselben Natur war wie jene, deren Verlauf er bereits einmal von weitem beobachtet hatte, wollte er nicht vergebens gequält und als Versuchskaninchen benutzt werden. Das einzige, was er noch wissen wollte, war Hadživukovićs Meinung darüber, ob diese Art Paralyse, die er bei sich vermutete – und hier führte er das Beispiel des Ingenieurs Zoran Kalajić an –, vom Verkehr mit einer Frau herrühren könne. Hadživuković verneinte erstaunt. Sollte er es ihm sagen? Schneck zögerte. Er wußte, daß seine Entdeckung auch Ljiljana in die Untersuchung einbeziehen würde, und sie wollte er verschonen, wenigstens jetzt, da er vor allem sie brauchte.

Er brauchte sie mehr als das tägliche Brot. Nicht nur, damit sie ihn liebte, sondern damit sie in den Tagen und Jahren der Krankheit bei ihm wäre. Er malte sich jetzt in Erinnerung an Ljiljanas karge, aber ausreichende Schilderung den Fortgang der Krankheit aus: nach der einen Seite würde mit der Zeit auch die andere paralysiert werden, er würde bewegungsunfähig werden, und später, wenn die Lähmung von außen nach innen weiterging, würden seine Leiborgane, Magen, Lunge, Herz absterben; er würde nicht mehr essen noch atmen können und schließlich ersticken. Ein langsamer, schleichender, grausiger Tod. Sollte er ihm allein entgegensehen, im Krankenhaus oder von Fremden gepflegt, von Angst und Ekel und Hilflosigkeit gequält? Dann lieber eine Kugel in den Kopf. Doch mit ihr an seiner Seite... Nach all den sinnlosen Leiden seines Lebens meinte er wenigstens das Recht auf einen sinnerfüllten Tod zu haben.

Den endgültigen Entschluß faßte er, als rechtsseitig seine Bewegungsfähigkeit derart eingeschränkt war, daß er fürchtete, Ljiljana könnte es bemerken: wenn sie nun Angst vor dem neuerlichen Opfer bekam und sich verweigerte? Er machte sich fein, ging zu ihr und schlug ihr vor, ihn zu heiraten. Sie hörte ihn an, die Brauen gehoben, und gab ihr Jawort ohne Rührung, mit einem immer breiteren Lächeln, als würde ihr eine amüsante, doch erwartete Neuigkeit mitgeteilt. Danach schwätzte sie lange über ihr künftiges Leben, über Reisen, ohne jedoch den Akt der Bindung, die Trauung und ihre unvermeidlichen Formalitäten zu erwähnen. Er mußte sie ermahnen, in die Wirklichkeit zurückbringen, zur Eile drängen, denn ihn selbst drängte die Krankheit zur Eile. Er verlangte, daß sie ihre Eltern informierte, und nachdem das geschehen war, daß sie ihn offiziell vorstellte. Das begab sich an einem Sonntagnachmittag, der für ihn voller Schrecken war. Er befürchtete, ihre Eltern könnten bemerken, daß sie einen potentiellen Krüppel vor sich hatten; er spannte den geschwächten Arm, das geschwächte Bein mit eisernem Willen an, blaß vor Mühe, elastisch und beweglich aufzutreten. Es gelang ihm, sie zu überlisten und den frühestmöglichen Termin für die Eheschließung zu vereinbaren. Unter Berufung darauf, daß seine erste Ehe und die Ljiljanas tragisch geendet hatten, bat er lediglich um eine stille Hochzeit mit möglichst wenig Gästen; er bangte davor, daß ein wachsamer Verwandter oder Freund seine fortschreitende Behinderung registrieren und namhaft machen könnte.

Zur Trauung nahm er Dr. Hadživuković als seinen Zeugen mit; auf dessen Arm gestützt, erreichte er mühsam das im zweiten Stock gelegene Standesamt. Ljiljana erschien lächelnd, im grauen Kostüm, begleitet nur von ihren Eltern und Schnecks Zimmerwirtin als Zeugin, wie es verabredet war. Nachdem sie die Punkte des Ehevertrags angehört hatten und sich vorbeugten, ihn zu unterzeichnen, versagte Schnecks Hand; er mußte sie gegen seinen Oberkörper drücken und damit nach vorn schieben, damit sie etwas hinkritzelte, was seinem Namen ähnelte. Er fühlte sich matt und zerschlagen wie einst vor dem Ausbruch der Kopfschmerzen; ungeduldig wartete er auf die Rückkehr in Ljiljanas Vaterhaus, wo er sich umkleiden und ausruhen könnte. Doch ihn erwartete eine ungute Überraschung – und gerade so, aber natürlich als »nette Überraschung«, wurde ihm von Ljiljanas Eltern die Anwesenheit fast der gesamten Nachbarschaft, seiner und ihrer, an der festlich gedeckten Tafel präsentiert, wo gerade das Essen aufgetragen wurde. Beengt durch Anzug und Hemdkragen, mußte er einem Dutzend Gerichte zusprechen mit einer Hand, die abstarb und der Löffel und Messer entglitten. Er mußte trinken, obwohl ihn der Alkohol ekelte, er mußte lächeln und lächelnd auf die üblichen Scherze reagieren, die er durch das Dröhnen im Kopf nicht einmal richtig verstand. Gegen Abend umfing der

Schmerz seinen Kopf wie ein Stahlreifen, er fröstelte, der Schweiß brach ihm aus, sein Magen hob sich bis zum Hals. In einem unbewachten Augenblick stand er benommen auf und wankte ins Bad. Er setzte sich auf den Wannenrand, stützte den Kopf in die Hände und litt stöhnend. Aus dem Zimmer flutete das laute Stimmengewirr zu ihm herüber und traf seinen Kopf wie mit Hämmern. Ein paarmal versuchte er aufzustehen und ins Zimmer zurückzugehen, damit seine lange Abwesenheit nicht auffiel, aber sein rechtes Bein versagte, und er sank wieder auf den unbequemen, glitschigen Sitz. So fand ihn Ljiljana vor, die lächelnd aus dem Speisezimmer kam. »Wo bleibst du denn so lange?« rief sie erstaunt. »Ich habe Kopfschmerzen«, flüsterte er und hatte Mühe, die Worte zu artikulieren. Mit einem »Oh« reagierte sie, noch immer lächelnd, auf seine Mitteilung. »Wie kann ich dir helfen? Massieren?« Er hob die Schultern: vielleicht konnte das wirklich den im Schädel vergrabenen Schmerz erleichtern. Sie setzte sich zu ihm, strich ihm über Stirn und Nacken. »Fester!« bat er, »fester«, und sie folgte seinem Wunsch, so gut sie konnte. Der Druck tat ihm wohl, und obwohl er wußte, daß es höchste Zeit war, damit aufzuhören, überließ er sich ihr. Die Minuten vergingen, Ljiljanas Mutter und ihr Vater schauten vorbei, dieser trat schließlich ins Bad und fragte, was los sei. »Wir kommen schon«, rief Schneck und richtete sich auf, aber seine Beine zitterten so, daß er sich wieder setzen mußte. »Haben wir etwas gegen Kopfschmerzen?« fragte Ljiljana, die immer noch Schnecks Stirn massierte. Aber Schneck protestierte: »Nein, nein, das hilft alles nichts. Nur meine Tabletten. Sie sind im Nachttisch, die Wirtin weiß Bescheid.« Ljiljanas Vater verschwand, man hörte ihn etwas sagen, die Stimmen der Gäste wurden leiser, draußen schlug eine Tür. Halblaute Abschiedsgrüße flatterten durch die Badezimmertür, entschwebten in immer weitere Ferne. Schnecks Wirtin eilte herbei mit dem Medikament, das er seit Monaten nicht angerührt hatte. Gierig öffnete er die Schachtel, warf sich zwei Tabletten in den Mund und wartete kaum ab, bis ihm Ljiljana einen Schluck Wasser reichte, der ihm schwer wie ein Stein in den Magen fiel. »Und nun ins Bett«, befahl sie sanft. Sie half ihm aufstehen, sie verließen das Bad, gingen durch das Speisezimmer vorbei an dem überfüllten Tisch, an dem niemand mehr saß, vorbei an Ljiljanas Mutter, die auf dem Weg zum Fenster, das sie öffnen wollte, Schneck einen raschen, furchtsamen Blick über die Schulter zuwarf. Er murmelte eine Entschuldigung, wankte mit Ljiljana in ihr nunmehr gemeinsames Zimmer, ließ zu, daß sie ihm beim Ausziehen half, sank mit einem Seufzer der letzten eigenen Bewegung ins Bett und ließ den Kopf auf das kühle Kissen fallen. Er hörte ein Rascheln, öffnete die Augen, sah, wie die Abenddämmerung das Zimmer eroberte, wie über der Nachbarcouch das Lämpchen aufleuchtete und erlosch, dann brach ihm der Schweiß aus, und er versank in süße Bewußtlosigkeit.

Im Morgengrauen erwachte er ganz kribbelig vom langen Liegen, aber sein Kopf war klar. Er schüttelte ihn nach alter Gewohnheit, und er war wirklich in Ordnung, fast überklar, überrege, wie stets, wenn die schweren Kopfschmerzen vorüber waren. Er blickte sich um; auf der anderen Couch lag Ljiljana eingerollt und schlief. Er versuchte selbst wieder die Augen zu schließen und einzuschlafen, doch es gelang nicht, er war hellwach. Leise stand er auf und ging in dieser Wohnung, wo er zum erstenmal eine Nacht verbracht hatte, barfuß – denn er hatte keine Hausschuhe mitgenommen – ins Bad. Erst als er dort angekommen war und in die Klosettschüssel blickte, fiel ihm auf, daß er sich ganz ungehindert bewegt hatte. Er hob die rechte Hand und drehte sie – auch sie gehorchte schmerzlos. Wieder und wieder legte er die paar Schritte zwischen Klosettschüssel und

Wanne zurück: er bewältigte sie leicht und ungehemmt wie früher, die Behinderung seiner Bewegungen war wie durch einen Zauber verschwunden.

Freudig erregt eilte er ins Zimmer zurück, um Ljiljana die Neuigkeit mitzuteilen. Aber als er sich, nachdem er im Halbdunkel an die Möbel gestoßen war, über ihre Couch beugte, empfing ihn ein unangenehmer Geruch nach Schweiß und Ungewaschenheit, den er nie zuvor an Ljiljana bemerkt hatte. Er fuhr zurück: das kam natürlich daher, daß sie bisher nicht in seiner Gegenwart geschlafen und ihm so unabsichtlich eine Wahrheit über sich verheimlicht hatte. Wie auch er, absichtlich, eine Wahrheit über sich verheimlicht hatte. Denn er hatte ihr seine Lähmung verschwiegen, und nun, da er sie überraschend losgeworden war, hatte es im Grunde keinen Sinn mehr, Ljiljana die Neuigkeit mitzuteilen, denn sie wußte nicht, wieso es sich um eine Neuigkeit handelte.

Er richtete sich auf und blickte sich voller Zweifel in dem Zimmer mit den Gegenständen um, die ihm von vielen seiner Besuche als Liebhaber vertraut waren. Im Halbdunkel des frühen Morgens erschien ihm dieses Zimmer anders als sonst. Nicht weil es wirklich anders war, sondern weil er sich verändert hatte. Jahrelang war er hergekommen und hatte versucht, einer zu werden, der er nicht war, so wie er einst auf der Flucht vor dem Tod und vor sich selbst versucht hatte, jener Heimkehrer aus Bojkovac zu werden; diesmal hatte er es so sehr versucht, daß er sogar die fremde Krankheit auf sich genommen hatte. Aber vergebens, denn in dem Moment, da er sich endgültig an jenen anderen binden, mit ihm auf ewig gleich werden wollte, hatte ihn die Krankheit verlassen, und die Kopfschmerzen waren wiedergekommen, um ihn daran zu erinnern, daß er noch immer er selbst, Schneck, war.

Und plötzlich fiel ihm wieder seine erste Frau ein, die ungetreue Henriette, die auch aus Angst, aus dem Vorgefühl von etwas Entsetzlichem jemand anders hatte sein wollen und darin ebenfalls gescheitert und umgekommen war. Sein Herz preßte sich zusammen. Vielleicht muß jeder bleiben, was er ist, dachte er und empfand Mitleid mit ihr und fühlte sich zum erstenmal brüderlich mit ihr verbunden.

Langsam entfernte er sich von Ljiljanas Couch und kehrte zu seiner zurück. Er legte sich hin, deckte sich zu, um wachend dem Aufstehen in dieser fremden Wohnung mit einer fremden Frau entgegenzusehen.

Die Schule
der Gottlosigkeit

An diesem winterlich kalten, trüben Tag brannte seit dem Morgen die Deckenbeleuchtung im Arbeitsraum. Es war eine nackte Glühlampe, staubig und fleckig, denn der Arbeitsraum wurde niemals saubergemacht, es war niemand dafür vorgesehen, auch aus falscher Scham vor den alleswissenden älteren Gefangenen, die verpflichtet waren, die Flure und das Treppenhaus zu fegen und zu scheuern. Dulics störte sich an dieser Unordnung, er liebte Sauberkeit und Behaglichkeit, seiner Meinung nach verhalfen sie dem Menschen, den sie umgaben, zu Ansehen. Und er strebte nach Ansehen ebenso wie nach Geld, zumal er vor kaum einem Jahr diesen ersten erfolgversprechenden Posten angetreten hatte. Aber da er neu war und auf einer unteren Stufe der Hierarchie in der Geheimpolizei stand, fühlte er sich nicht ermächtigt, die Hausordnung zu ändern. Einmal hatte er versucht, seinem Vorgesetzten Révész – als sie nach einem ermüdenden Verhör eine Zigarettenpause machten – sein Unbehagen anzudeuten: »All dieser Staub, diese Asche, diese Abfälle, dieses Blut« – er wies mit qualmender Zigarette auf den Betonfußboden und die Wände. »Man müßte einen von diesen Verbrechern zum Putzen abstellen.« Révész hörte ihm kaum zu, er saß mit hängenden Schultern und vorgewölbtem Bauch da und starrte offenen Mundes vor sich hin, und als Dulics seinen Vorschlag energischer wiederholte, winkte er träge ab. »Ja, Sie haben ja recht. Aber lohnt das denn wegen der ein oder zwei Stunden, die wir hier verbringen?«

Dulics verbrachte hier wesentlich mehr Zeit, er verließ den Arbeitsraum fast nie; oben im Erdgeschoß hatte er kein Büro, sondern nur einen ständig wechselnden Platz am Tisch seines Kollegen Domokos, denn er führte nur hier unten im Keller die Vorverhöre und durfte noch keine Protokolle erstellen. Auch jetzt wartete er darauf, daß ihm ein Gefangener zum Vorverhör gebracht wurde, ihm allein.

Domokos oder Révész durfte er erst dazurufen, wenn der Häftling weich geworden war. Er fürchtete, daß das lange dauern würde, denn er hatte den Jungen, der Ostojin hieß, schon zweimal bewußtlos geschlagen, ohne daß es ihm gelungen wäre, ihm ein Wort des Geständnisses, ein Zeichen des Nachgebens abzuringen. Dieser Mißerfolg ärgerte ihn um so mehr, da Ostojin der erste Fall war, den er von Anfang an geführt hatte, und es konnte so ausgelegt werden, als arbeitete er nicht energisch und gründlich genug. Im Grunde war der Junge weich, weicher als alle anderen, die Dulicas bisher verprügelt und als Verprügelte gesehen hatte – darum verlor er so leicht das Bewußtsein, entzog sich seiner Verantwortung durch Flucht in die Umnachtung.

Dulics haßte Schwäche, gerade weil er sie auch in sich selbst spürte, aber als etwas, was er überwunden hatte. Er hatte sie dem eigenen Ansehen und dem Ansehen seiner Familie zuliebe überwunden; während er dieses Opfer der Selbstbeherrschung brachte, fand er jedoch bei der Familie – Frau und Sohn – keine Anerkennung dafür oder gar Unterstützung. Eben weil sie so schwach waren, mußte er jetzt darüber nachdenken, ob er in der Wartepause zu Hause anrufen und sich nach dem Befinden des kranken Sohns erkundigen sollte, und derselbe Grund hinderte ihn zugleich, der Versuchung zu erliegen. Am Telefon, das wußte er, würde er Worte der Hilflosigkeit und Angst zu hören bekommen, und die konnte er nicht gebrauchen, sie würden ihn nur verstören und, selbst nachdem sie verstummt waren, weiter an ihm nagen und seine Festigkeit ins Wanken bringen. Außerdem war es keine zwei Stunden her, seit er das Haus verlassen und beim Abschied noch Anweisungen gegeben hatte, was dem Arzt zu sagen sei; kein Medikament, falls es Igelchen inzwischen verabreicht worden war, konnte in so kurzer Zeit gewirkt haben; ein Anruf wäre also zumindest verfrüht gewesen.

Er straffte sich, reckte die Schultern und drückte die Zigarette aus, denn vom Flur waren Schritte zu hören. Es klopfte an der Stahltür, die sich auf sein »Herein« mit dumpfem Geräusch öffnete. Den Raum betraten der Wächter Nagy-Károlyi, der gefesselte Ostojin und ein zweiter Wächter, der Dulics unbekannt war und der den Gefangenen an dem um seine Hände geschlungenen Strick festhielt. Sie blieben vor ihm stehen, er war jetzt ihr vorgesetzter Dienstherr und mußte einen scharfen Ton anschlagen. »Also, hast du seit gestern abend nachgedacht?« fragte er laut und barsch, trat auf Ostojin zu, wie er es bei ähnlichen Gelegenheiten den anderen abgeguckt hatte, und sah dem Jungen drohend ins Gesicht. Unrasiert blickte dieser ihn mit einem Auge an, das andere, linke, war durch eine blaue Schwellung von einem Fausthieb am Vortag geschlossen. Die Unterlippe war geplatzt, offenbar vom selben Fausthieb. »Nun?« Das eine offene Auge blinzelte Dulics benommen an, aus ihm war nichts abzulesen. Sprechen konnte der Junge, doch er schwieg. »Rede, wenn du gefragt wirst!« brüllte Dulics, so daß er fast an der eigenen Stimme erstickte. Er ballte die Fäuste und hieb sie Ostojin gegen die Brust.

Der Junge schwankte und fiel auf den fremden Wächter, der ihn mit rachsüchtigem Grinsen in den Rücken stieß. Ostojin stöhnte, jetzt wieder dicht vor Dulics; es roch nach Schweiß. Er stinkt ungewaschen, das ist kein Angstschweiß, dachte Dulics böse und haßerfüllt. Er fixierte ihn.

Der Junge war schön, noch immer, obwohl die Schwellungen sein Gesicht entstellten, obwohl der tagelang unrasierte Bart seine regelmäßigen Züge verschattete und sein Haar über Ohren und Stirn zu Strähnen verklebt war. Aber selbst so bewahrte es seinen seidigen Glanz, seinen fast blonden Braunton wie auch der Bart, dessen gebogene Stoppeln einen goldenen Kranz um das Gesicht bildeten;

die Lippen, wenn auch geschwollen und die untere geplatzt, beschrieben einen eigenwilligen Bogen, und das eine offene Auge war vom matten Taubenblau eines seltenen Steins. Diese Schönheit hatte etwas Mädchenhaftes, und Dulics erinnerte sich, daß er, als Ostojin zum ersten Verhör gekommen war, noch sauber, ordentlich, mit lockig in die Stirn fallendem Haar, mit den vollen, geschwungenen Lippen, die beim unsicheren Gruß zwei Reihen ebenmäßiger Zähne entblößten, den Eindruck einer verführerischen Sanftheit gewonnen hatte wie bei der Begegnung mit einer Frau, was ihn für einen Moment verwirrt und mißtrauisch gemacht hatte. Auch jetzt empfand er diesen Eindruck, sogar noch intensiver, obwohl das Gesicht des Jungen so entstellt war, obwohl er heute diesen Schweißgeruch verströmte – es war, als bezeichneten diese Verunstaltungen, diese Ausdünstung eine Nähe, die zwischen ihren beiden Körpern entstanden war, welche einander doch nicht besessen hatten. Er ahnte, daß er, falls dies geschähe, etwas Ungewöhnliches, für einen Mann vielleicht sogar Peinliches erleben würde, und das verursachte ihm Ekel vor dem Jungen und veranlaßte ihn zugleich, sich dem Haß, der ihn überwältigte, völlig hinzugeben. »Du Hund!« sagte er und packte Ostojin bei den Aufschlägen seiner Jacke und stieß ihn mit Schultern und Nacken unter dem ganzen Gewicht des eigenen Körpers gegen die Wand, zerrte ihn zurück und schleuderte ihn wieder an die Wand, wieder und wieder, mit dem Kopf voran, und zischte dabei: »Du Hund! Du Hund! Du Hund!« Bis er fühlte, daß er keinen Widerstand mehr fand, daß die Jacke des Jungen seinen Fingern entglitt und bis er dann sah, daß der ganze verhaßte Körper langsam an der Wand herabsank, in der Mitte einknickte und zur Seite fiel, während sich das eine lebende Auge in demselben Moment schloß, als die Lippen auseinanderklafften und die vom Blut geröteten Zähne freilegten.

Er sah ihn zwischen seinen eigenen gegrätschten Beinen liegen, er spürte die Schwere und Wärme an der Innenseite seiner Unterschenkel und mußte sich zwingen, nicht auszuweichen. Er konnte diese süßliche, betäubende Berührung kaum ertragen, eine Berührung, die kein Schlag, keine Bestrafung war, die er aber als Strafe dafür empfand, daß er sich seinem Gefühl überlassen hatte, statt planmäßig auf sein Ziel zuzugehen. Er wußte, daß auch die Wächter seinen Fehler bemerkt hatten, obwohl sie herbeisprangen und mit Fußtritten versuchten, es ihm an Zügellosigkeit gleichzutun. »Genug!« befahl er, als hätten sie versehentlich das Maß überschritten. »Der muß noch reden.« Aber das war in diesem Augenblick wenig wahrscheinlich. Ostojin lag reglos da, es hieß abwarten im Angesicht der Wächter und ihrer heuchlerisch gesenkten Blicke, die ihn heißer brannten, als wenn sie sich vorwurfsvoll auf ihn gerichtet hätten. Er zog das linke Bein von der Schulter des Jungen weg, die sich oberhalb seines Knöchels angeschmiegt hatte – der Körper streckte sich seitlich am Boden aus, als sänke er in Schlaf. »Begießt ihn.« Beide Wächter sprangen bereitwillig auf, und der routiniertere Nagy-Károlyi griff sich den Eimer und rannte zur Tür. »Ich geh' schon«, sagte er.

Im Souterrain gab es keinen Wasseranschluß, und deshalb herrschte ein ständiges Hin und Her, damit die bewußtlosen Gefangenen begossen werden und die Vernehmer ihren Durst löschen konnten. Dulics erblickte auch darin einen Mangel, über den er gern mit dem fremden Wächter gesprochen hätte; er hielt sich jedoch zurück, um seine Vorgesetzten nicht zu kritisieren. Er musterte ihn verstohlen: der Mann hatte ein kurzes, graues Gesicht mit schütterem Schnurrbart, und in diesem Moment bohrte er gerade mit dem großen fleischigen Zeigefinger in seiner Stupsnase, als wäre er allein. Dulics wandte den Blick ab.

Die Häßlichkeit des Wächtergesichts, das breitgezogen war in der fast schwachsinnigen Hingabe an den nasebohrenden Zeigefinger, differierte so stark von Ostojins harmonischen Zügen, daß sich ihm der Gedanke aufdrängte, wie ungerecht und unnatürlich die Rollen der Züchtiger und der Gezüchtigten verteilt waren. Jedoch, so schlußfolgerte er fast im selben Moment, dieser Vergleich betraf auch ihn selbst, eigentlich ihn ganz besonders, vielleicht war er im Dunkel seiner Gedanken nur dazu aufgetaucht, um ihn zu quälen. Er hatte stets unter seinem Äußeren gelitten: geringe Körpergröße, hängende Schultern, ein schmales, knochiges Gesicht mit engstehenden, fast schielenden Augen. Nur sein dunkelbraunes, welliges Haar war schön, und er pflegte es sorgfältig; aber er hatte es nicht auf den Sohn vererben können – dem sproß der borstige Schopf ungebändigt nach allen Seiten, weshalb er ihm schon frühzeitig, halb im Scherz und halb verärgert, den Spitznamen Igelchen (in ungarischer Sprache Sünöcske) gegeben hatte, der ihm bis heute geblieben war.

Igelchen! Er lag sicher noch immer im Fieber wie am Morgen, geschwächt, durchsichtig, mit zwei trügerischen roten Flecken auf den Wangen, und blinzelte hilflos mit den kleinen engstehenden Augen. Kümmerlich. Das war er immer gewesen, und er als Vater hatte ihm nicht helfen, ihn nicht gewaltsam von seiner Kleinwüchsigkeit, seinem zarten Knochenbau, seiner blassen Haut befreien können. Obwohl er ihm alles gab: Essen, an dem es ihm selbst in der Kindheit gemangelt hatte, warme Kleidung, nur Zärtlichkeit gab er ihm nicht, zumindest nicht nach außen hin sichtbar, aber daran war die Frau schuld, die um das Kind zitterte, als sei es ständig von Tod und Untergang bedroht. Dulics versuchte ihr das auszureden, ihr und dem Sohn; er versuchte das Kind mit strengen Worten für die Härte des vor ihm liegenden Lebens zu rüsten, aber statt zu erstarken, vegetierte Igelchen dahin, hielt sich nicht an die Ermahnungen und Ermutigungen des Vaters, sondern an die schwarzen Vorahnungen der Mutter. Und während Dulics jetzt an den Sohn dachte, überkam ihn der ungeduldige Wunsch, bei ihm zu sein, ihn mit dem festen Griff seiner Hand der Hingabe an die Krankheit zu entreißen; doch zugleich wußte er, daß das nicht gut ausgehen würde, so wie es nie gut ausgegangen war: er konnte ihn nur noch tiefer ängstigen.

Wie ein Messer den Teig zertrennte seine Ungeduld die Stille, die sich im Raum ausbreitete und allmählich versteinerte. Ostojin am Boden rührte sich nicht, vielleicht war er unbemerkt zu sich gekommen und nutzte die Pause; der an der Wand lehnende Wächter schielte auf seine Finger, die den aus der Nase gebohrten, erstarrten Rotz zerkrümelten – ein Kretin, den man hätte ohrfeigen und aus dem Dienst jagen müssen. Er wollte ihm zurufen: »Hör auf damit!«, aber er bekam Angst vor der eigenen Stimme, es war unvorstellbar, daß sie jetzt die Erstarrung zerriß, die ihn schon so lange umklammerte und zu ersticken drohte. Er spannte alle Kraft an, um sich loszumachen, einen Schritt zu tun; ja, er war einer Täuschung erlegen, alles war in Ordnung, er war Herr seiner Bewegungen, seines Körpers, seines Willens; nur die anderen trotzten ihm. »Wo bleibt denn dieser Nagy-Károlyi?« murrte er scheinheilig, klammerte sich aber sofort an diesen gespielten Tadel; er hatte wirklich den Eindruck, daß der Wächter unzulässig lange fortblieb; vielleicht hatte er, statt mit dem Eimer sofort zum Wasserhahn zu gehen, einen Abstecher in den Aufenthaltsraum beim Eingang gemacht und schwätzte jetzt dort auf eine Zigarettenlänge mit den anderen Müßiggängern. Die Bitterkeit der Kränkung, die aus dieser Vorstellung, diesem gedachten Bild hervorging, netzte seinen Gaumen; er griff gereizt nach der Zigarettenschachtel in der Jackentasche, erinnerte sich jedoch, daß er gerade erst eine geraucht hatte, und hielt inne. Im selben Augenblick, in der Fortsetzung dieser vor dem Sohn, im Angesicht seiner Schwäche so oft wiederholten Geste schreckte Dulics zusammen. Warum sollte er als einziger auf seinen innersten Impuls verzichten? Warum sollte er diese dumme Wartezeit nicht nutzen, um daheim anzurufen und sich so möglicherweise zu beruhigen? Er erklärte dem fremden Wächter: »Ich sehe mal, wo Nagy-Károlyi bleibt.« Danach zuckte er mit den Brauen in Richtung des Gefangenen. »Behalte ihn im Auge. Sobald er sich rührt, hat er aufzustehen.« Und er verließ fast fluchtartig den Raum.

Vor der Tür empfing ihn der Flur, leer und still, von flakkernden kahlen Glühlampen erhellt wie ein Bergwerksschacht. Nirgends ein Mensch, der ihn sehen und fragen konnte, warum er seinen Arbeitsplatz verließ, da der zu Verhörende doch schon eingelassen war. Er zündete sich eine Zigarette an und sog gierig den Rauch ein. Jetzt hörte er mit seinem geschulten Ohr bereits das Gemurmel aus den benachbarten Arbeitsräumen, das stellenweise bedrohlich anschwoll: sicher auch ein Verhör. Dieses ganze Souterrain und das darüber errichtete Gebäude, eine ehemalige Militärbehörde, bildeten einen einzigen riesigen Verhörraum, wo zwischen Vernehmern und Befragten sehr verworrene Beziehungen herrschten. Dulics gehörte noch nicht lange genug zum Personal, um diesen ganzen Ameisenhaufen zu überschauen, das heißt, er hatte einen gewissen Überblick, wußte, wo sich was befand und wozu es diente, aber all das war noch nicht Teil seiner selbst oder seiner Gewohnheiten geworden, und wenn er sich allein im Zentrum dieses Beziehungsgeflechts befand, ergriff ihn ein Gefühl der Unsicherheit und Bedrohung. Das Gebäude war von außen und innen gut bewacht, aber ihm schien, daß die gegnerischen Seiten darin zu stark durchmischt waren, daß die Zahl der Gefangenen diejenige der Wächter überwog und daß die ersteren leicht die Gewalt über die letzteren erlangen konnten. In seiner durch viele sorgenvolle Überlegungen genährten Vorstellung hatte er sich eine bessere Lösung ausgedacht: daß nämlich die Häftlinge in einem möglichst engen, abgeschlossenen und lichtlosen Zentrum gehalten wurden wie in einem Käfig oder Brunnen mit nur einem einzigen Ausgang, durch den sie bei Bedarf demjenigen Wächter oder Vernehmer zugeführt wurden, der sie gerade brauchte. Er ahnte, daß dies vermutlich schwer durchführbar wäre, daß es eine ständige Suche, vergebliche Aufrufe erfordern und vielleicht sogar zum völligen Stillstand der Arbeit in dem Moment führen würde, da die Verständigung zwischen den Herren draußen und den Sklaven drinnen unterbrochen wäre, dennoch hielt er jede andere Anordnung für mangelhaft und gefährlich. Während er jetzt durch den Flur ging, hörte er das Murmeln aus den Arbeitsräumen deutlicher; links in Zimmer 3 erkannte er die gedehnte Stimme des Kollegen Somogyi, der selbstgewiß skandierte: »... dir in den Schädel, daß ich hier der Herrgott bin, von dem es abhängt, ob du morgen noch am Leben bist ...« und, im Weitergehen, undeutlich die Frage: »Hast du verstanden?«

Immer dieselben Behauptungen, er wußte es, gefolgt von Schlägen als der einzig wirksamen Methode, Unterwerfung zu erzwingen. Dennoch versuchte man es ständig, unermüdlich zuerst mit Worten. Sie standen ihm bis zum Hals, diese Worte, die in den Arbeitsräumen und Zellen, Büros und Fluren tausendfältig vergeblich vergossen wurden wie Regentropfen auf einen Acker ohne Saat, die zur Überschwemmung anschwollen, den Boden tränkten, am Menschen emporstiegen bis zur Brust, bis zum Mund, wie ein flüssiges Ungeziefer. Er erreichte die Treppe und erstieg sie fast im Laufschritt, als müsse er sich aus dem Schlamm, aus dicken schmutzigen Anschwemmungen ziehen, als gelangte er jetzt erst an die Luft.

Das Erdgeschoß. Hier war endlich richtiges Tageslicht, wenn auch durch die Bewölkung gedämpft, und vor der breiten verglasten Eingangstür standen, wie er vermutet hatte, die Wächter mit geschultertem Gewehr und zerstreuten durch ihre Lebhaftigkeit und Munterkeit sein Bangen. Er warf einen prüfenden Blick über sie hin: Nagy-Károlyi war nicht unter ihnen, dennoch beneidete er ihre Sorglosigkeit. Wie oft hatte er sich gewünscht, nur das zu sein: ein Wächter mit geschultertem Gewehr, der Befehle befolgte und sich um Gründe und Anlässe nicht kümmerte; aber dank seiner Schulbildung – fünf Gymnasialklassen – war ihm der höhere lukrativere Posten angeboten worden, und er hatte ihn vernünftigerweise angenommen. Doch er hatte sich niemals wirklich in diesem höheren Dienst eingelebt, der einen auf Grund einer geheimnisvollen, nur einem kleinen Kreis vorbehaltenen Befugnis absonderte; er war stolz auf diese Befugnis, und zugleich war sie ihm auch fremd, weil er erst spät, mit zweiunddreißig Jahren, in ihren Lichtkreis getreten war. Bis dahin hatte er nach seinem Abgang von der Schule – weil sein Vater das Schulgeld nicht mehr aufbringen konnte – untergeordnete Stellungen versehen, am längsten als Einlasser und Platzanweiser in einem kleinen alten Kino, eine Arbeit, die derjenigen des Vorführers, der Kassiererin, der Putzfrau und der Toilettenfrau gleichgestellt und weit entfernt war von dem, was sich Verwaltung nannte und aus dem Direktor und dem Mitinhaber Herrn Kramberger sowie zwei Beamtinnen bestand. Zu diesen Auserwählten hatte er nur Zugang, wenn sie ihn zu sich beorderten, damit er ihre Anweisungen oder an jedem Monatsersten die Besoldung empfing, so daß er aus dem Abseits gegen sie murrte; seit er jedoch selbst mit Befehlsgewalt und Weisungsbefugnis ausgestattet war, mischte sich in sein Siegesgefühl häufig die Sehnsucht nach dem bequemen Halbdunkel des Gehorsams.

Er ging an einer Gruppe von Wächtern vorbei, die devot ihre Stimmen dämpften, dachte einen Augenblick daran, sie nach Nagy-Károlyi zu fragen, erinnerte sich jedoch, daß die Suche nach dem säumigen Untergebenen nur eine Ausrede gewesen war, und begab sich direkt zu Révész' Büro. Als er davorstand, öffnete sich die Tür, der Chef erschien darin mit seinem umfänglichen Körper und watschelte rauchend, ohne Dulics anzusehen, auf seinen krummen Beinen zur Kellertür. Dulics war etwas erstaunt darüber, daß ihn der Chef nicht ansprach, da sie sich seit dem Vorabend nicht gesehen hatten und eigentlich ein Rapport über das morgendliche Verhör mit Ostojin fällig war; aber es kam ihm gelegen, daß Révész ihn nicht aufhielt, so daß er ungestört aus seinem Büro mit Zuhause telefonieren konnte. Er warf einen Blick hinein, mußte aber wieder stehenbleiben und zwei Männer an sich vorbeilassen: einen gefesselten Häftling mit blutendem, geschwollenem Gesicht und einen Wächter, der ihn an der Schulter vor sich her schob.

Endlich trat er ein und fand sowohl Vorzimmer wie Chefbüro frei. Er blieb stehen und sog die letzten Züge aus der Zigarette. Der Raum mit den zwei zusammengestellten Schreibtischen, den geschlossenen Rollschränken und der geöffneten Tür, die den Blick auf eine Ecke des Chefschreibtischs freigab, war so still, daß man das Rauschen des Windes vor den Fenstern hörte. Aber das war jetzt für ihn keine Stille zum Ausruhen, der Schein trog, denn er beabsichtigte etwas Geheimes zu tun und freute sich, daß er die Gelegenheit dazu hatte. Aus dem Chefzimmer mit der Stadt zu telefonieren war erlaubt und auch üblich, denn nur von hier aus bestand eine direkte Leitung, und alle Beamten hatten ihr Familien- oder heimliches Liebesleben, das manchmal die Indienstnahme nichtabgehörter Drähte erforderte. Dulics jedoch, obwohl oder gerade weil er dieses Privileg vielleicht am seltensten in Anspruch nahm, fühlte sich dabei immer ein wenig schuldig. Er trat an den Tisch, um sich der Zigarette zu entledigen, und während er den Stummel im Aschenbecher ausdrückte, streifte sein Blick einen gelben Aktendeckel, auf dem er die deutliche runde Schrift seines Kollegen Domokos erkannte: »Miloš Ostojin«. Er griff nach der Akte, hielt sie vor seine Brust wie einen Schild – und er empfand sie auch als solchen – und ging mit mehr Sicherheit, als er es sonst getan hätte, weiter in Révész' Büro. Sollte er die Tür anlehnen? Er beschloß, sie lieber offenstehen zu lassen: wenn jemand eintreten sollte, würde er nicht gleich auf die Idee kommen, daß Dulics etwas zu verbergen hatte.

Révész' Büro war behaglicher als das Vorzimmer und nobler eingerichtet, mit drei Sesseln am Fenster, einer Vitrine voller juristischer Fachbücher, die nie jemand zur Hand nahm, und einem geschnitzten Tischchen, auf dem das Telefon stand. Hier wurde nicht verhört oder gar geschlagen, hier empfing Révész seine Mitarbeiter zu Besprechungen; wenn er sich in ein Verhör, die sogenannte Schmutzarbeit, einmischte, dann nur bei ihnen, in ihren Büros oder in den Arbeitsräumen, zu denen er fast wider Willen, träge und übellaunig hinabstieg, um den Züchtigungen von der Seite zuzusehen und über der ewig qualmenden, an der Unterlippe klebenden Zigarette ein »Kräftiger!« oder »Nicht so zimperlich!« hinzuwerfen, als hätte je einer sich selbst oder die Gefangenen geschont, wenn es darum ging, ihnen ein Geständnis oder eine belastende Aussage abzunötigen. Dulics ahnte, daß aus diesen kurzen, beinahe sinnlosen Sätzen das geheime Verlangen nach noch blutigeren Szenen, die uneingestandene Lust am Verstümmeln und Quälen sprach, und er sah an den Gesichtern der anderen Vernehmer und Wächter, am ungeduldigen Zucken eines Mundwinkels oder einer Augenbraue, daß die anderen diesen Eindruck teilten; dennoch fielen nach solchen Worten des Chefs alle mit verdoppeltem Eifer und Zorn über ihre Opfer her, und sein Ansporn war gewöhnlich der Ausgangspunkt, der zum völligen Zusammenbruch des Verhörten oder gar zu seinem Tod führte. Hier galt das ungeschriebene Gesetz, daß jede Anstachelung zur Roheit befolgt wurde, denn Roheit war das Maß des Diensteifers, und niemand wollte sich dem Verdacht aussetzen, daß es ihm daran mangele.

Von all dem stach Révész' Büro wohltuend ab: hier herrschte Ordnung und Sauberkeit, hier standen die schweigenden Bücher und der gefügige Fernsprechapparat. Dulics legte die Akte auf die polierte Tischplatte und hob den Telefonhörer ab. Als das Freizeichen ertönte, wählte er seine Nummer. Er wartete. Dann kam das Rufzeichen. Nach langer Pause noch einmal, nach langer, langer Pause noch einmal. Und noch einmal. Er fühlte, daß ihm im Nacken der Schweiß ausbrach: war es möglich, daß niemand das Läuten hörte? Oder? ... Für einen Augenblick sah er eine entsetzliche Szene vor sich: Igelchen war tot, in einem letzten Zucken war sein Kopf vom Kissen geglitten und hatte den leichten Körper hinter sich zu Boden gezogen; vor ihm kniete die klagende Mutter, und das Telefon im Nebenzimmer klingelte, klingelte hilflos und sinnlos, niemand war da, den Hörer abzunehmen, und es hatte auch keinen Sinn mehr.

Im selben Moment knackte es im Apparat, das Rufzeichen war verstummt. Was sollte das bedeuten? »Hallo!« rief er voller Angst und vernahm darauf erleichtert, aber auch verärgert das fast geflüsterte, heisere, falsch betonte »Hallo« aus dem Mund seiner Frau, von ihrer ungelenken Zunge, die ans Telefonieren nicht gewöhnt war, die sich verkrampfte und damit tückisch seinen eigenen Krampf nachahmte. »Warum meldest du dich nicht?« schalt er sie, aber eine Antwort erhielt er nicht, wohl weil sie sie nicht formulieren, weil sie ihm nicht erklären konnte, was ihm auch ohne Worte klar war. Oder schwieg sie, weil sie das Schlimmste nicht auszusprechen wagte? Wieder brach ihm der Schweiß aus. »Nun red' schon! Was ist los?« – »Nichts ...« Also doch nicht das Schlimmste, dachte er etwas beruhigt. »Was heißt, nichts? War der Arzt nicht da?« – »Doch.« – »Dann sag es mir, zum Teufel. Deshalb rufe ich ja an. Oder meinst du, ich will dein Gestammel hören? Was hat er gesagt?« – »Ach, Jancsi ...« Das war nun ärger als alles, was sie hätte sagen können: diese unvollendete, demütige, fast einschmeichelnde Klage, diese unpassende Reminiszenz an die Zeit ihrer Liebe. Er schluckte. »Was, Jancsi?! Sprich weiter!« – »Ich hab' solche Angst!« Das klang wieder bedrohlich. Dulics dämpfte unwillkürlich seinen Ton. »Wovor denn? Was hat der Arzt gesagt?« – »Daß es gefährlich ist. Schalrach ... Daß ... daß das Kind erstikken könnte.« Es lebte also, immerhin. Aber wie sie jedes fremde oder ungewöhnliche Wort verunstalten mußte! »Es heißt Scharlach. Das ist nichts weiter, eine häufige Kinderkrankheit. Ich hatte sie auch«, log er. »Und du vielleicht ebenfalls, bloß weißt du es nicht.« Er hielt inne, um aus ihrem Schweigen, ihren Atemzügen herauszuhören, ob sie sich beruhigte, aber er konnte nichts erraten. »Wie geht es ihm?« – »Er ...« Sie brach in Tränen aus, nun, da direkt von dem Sohn die Rede war. »Er ... ist ganz heiß, er redet im Fieber ... ich mache ihm Umschläge ...« – »Umschläge? Was für Umschläge?« – »Kalte Umschläge. Auf Hals und Brust.« Er wurde zornig. »Paß bloß auf, daß er sich nicht erkältet.« – »Ich hab' solche Angst.« Dann wieder Schweigen. Was sollte er noch sagen? »Hat er Medikamente bekommen?« – »Ach, eine Spritze!« sagte sie lebhafter, klammerte sich mit dem Mut der Verzweiflung an diese Tatsache, doch in ihren Worten schwang Hoffnungslosigkeit mit. »Na siehst du«, entgegnete er mit gespielter Sorglosigkeit, um sie zu beruhigen. »Das hilft bestimmt.« Aber sie ließ nun erst recht ihren Ängsten und Klagen freien Lauf. »Der Doktor sagt ... er sagt ... daß alles von seiner Kraft abhängt, daß er in Gottes Hand ist. Wenn er bis zum Abend durchhält, sagt er, dann wird er's überstehen; aber Jancsi, du weißt doch selbst, wie schwach Igelchen ist!« Das war so wahr, daß es ihn traf wie ein Fausthieb vor die Brust. »Er ist nicht schwach«, widersprach er, bemüht, seiner Stimme Festigkeit zu geben. »Du bildest dir das nur ein. Er ist stark, und wie. Du hast keine Ahnung, was ein Kind alles aushalten kann.« Plötzlich mußte er, er wußte nicht warum, an Ostojin denken, der verprügelt, erschöpft, von Hunger und Durst gequält unten im Arbeitsraum am Boden lag, mit seinem einen halboffenen Auge; er sah ihn vor sich, wie er schweigend die Schläge ertrug, ohne seinen Kontaktmann zu verraten; und er würde noch mehr aushalten. »Sie sind zäh, da brauchst du keine Angst zu haben.« Doch dabei war er sich nicht sicher, ob das auch auf Igelchen zutraf. »Hörst du mir zu?« – »Ja.« – »Also dann geh zu ihm und mach ihm Umschläge.« Er erwartete, daß sie den Hörer gleich auflegen würde, hörte aber kein Knacken in der Leitung. Sie war also noch am Telefon, klammerte sich an das Gespräch ebenso angstvoll wie er. Aber das konnte niemandem etwas helfen, weder ihr noch ihm noch Igelchen; Igelchen war jetzt, wie der Arzt gesagt hatte, in Gottes Hand, und er, der an Gott nicht mehr glaubte, wußte, was das bedeutete: es bedeutete, daß er in niemandes Hand, sondern den Launen des Zufalls ausgeliefert war, wie Ostojin unten im Souterrain, den das erwartete, was er, Dulics, ihm antun würde. »Ich muß jetzt wirklich Schluß machen«, sagte er hilflos seufzend. »Du hast gehört, was ich gesagt habe: Geh und mach ihm Umschläge.« Stille – dann knackte es endlich im Apparat. Sie hatte aufgelegt, und er war sicher, daß sie getreulich tun würde, was er ihr aufgetragen hatte; mehr war nicht möglich.

Also zurück zu Ostojin. Aber es zog ihn jetzt nicht in das stickige Souterrain, in den engen Kreis aus Schlägen, Beschimpfungen, Drohungen. Für diese Konfrontation, die seine Arbeit war, eine schwere, ermüdende Arbeit, brauchte es Wut, anders war sie nicht zu verrichten, und Dulics empfand jetzt keine Wut. Er fühlte, daß wirklich alles »in Gottes Hand« war, das heißt, daß alles von irgendwelchen fernen, unsichtbaren Einflüssen abhing. Igelchens Krankheit, mit der ihn irgendwer angesteckt hatte, vielleicht sogar er, sein Vater, der sie wiederum durch den Atem und die unsichtbaren Speicheltropfen eines Häftlings aufgenommen hatte, vielleicht Ostojin, während er ihn verhörte. Und so waren sie alle durch eine einzige Kette aus Ursachen und Wirkungen verbunden, Aufseher und Häftlinge, dieses ganze Gebäude voller Menschen, die litten und Leid zufügten, und das Gebäude wiederum war durch Einflüsse, Krankheitskeime, abseitige Ideen und Verschwörungen mit anderen Gruppen und Einzelpersonen verknüpft, die solche Ideen und Verschwörungen ausheckten und ganze Scharen unreifer junger Menschen wie Miloš Ostojin zu Verrat und Aufruhr anstifteten. Denn Ostojin war unreif, davon war Dulics überzeugt, er hatte Menschenkenntnis genug, um in dem zarten Gesicht des Jungen mit den weichen Zügen zu lesen und wie ein Arzt die Krankheit zu erkennen: Unreife, Unselbständigkeit, Abhängigkeit von fremden Einflüssen. Das war es auch, was ihn am meisten gegen den Jungen aufbrachte: diese Überzeugung, daß er im Grunde unschuldig war, verführt von Älteren und Schlaueren, angestiftet, nachts kommunistische Parolen an die Häuserwände zu schmieren, ohne zu ahnen, wohin es führen würde, wenn das, was er schrieb, verwirklicht würde: Chaos und Elend. Aber Ostojin war verstockt in seiner Unschuld; er wollte weder den Namen desjenigen preisgeben, der ihm den Befehl erteilt hatte, noch seine Komplizen verraten. Was sollte man mit so einem Wirrkopf tun?

Dulics blickte auf Ostojins Dossier, das er als Schutzschild in Révész' Büro mitgenommen hatte. Noch immer kam niemand, dessen Gegenwart diese Vorsichtsmaßnahme rechtfertigen konnte, also nahm er die Akte vom Tisch, um sie ins Vorzimmer zurückzubringen. Dabei schob sich sein Daumen unter den Rand des Deckels, und zum Vorschein kam die erste Seite des Protokolls mit den Personalien. Wie alt war der Junge eigentlich? Er hatte nicht darauf geachtet, als er das Dossier zur Vorbereitung auf die Verhöre studiert hatte, vielmehr diese generellen Angaben in seiner Neugier auf Art und Umfang der Straftat nur überflogen. Jetzt suchte sein Blick die Zeilen oben auf der Seite. »Vor- und Familienname«, las er und übersprang die Eintragung. »Geburtsdatum: 26. Juni 1926.« Also nicht einmal achtzehn Jahre, rechnete er nach, während sein Blick automatisch weiterglitt. »Vorname des Vaters: Jovan. Vorname der Mutter: Erzsébet.« Hier hielt er betroffen inne.

So wurde er von Domokos überrascht, als er das Büro betrat. »Du bist hier?« fragte er erstaunt und blieb, da er Dulics' Erregung wohl bemerkt hatte, vor ihm stehen. »Was ist denn?« Dulics konnte nicht umhin, zu antworten, obwohl er damit seine vorherige Unwissenheit offenbarte. »Hast du das gewußt?« Er wies auf die Stelle im Dossier. Domokos neigte desinteressiert sein blasses, spitzes Fuchsgesicht und las mit zusammengekniffenen Augen die erste Seite, die er übrigens selbst auf der Maschine getippt hatte. »Ja, und?« – »Seine Mutter heißt Erzsébet, also ist sie offenbar Ungarin.« – »Das habe ich gewußt. Hat dich der Chef nicht darauf hingewiesen?« – »Nein.« – »Aber du hast die Akte doch selbst gelesen.« Seine blutleeren Lippen verzogen sich hämisch.

Dulics sah ihn an. Sie waren Kollegen auf derselben Beförderungsstufe, Domokos hatte seinen Dienst erst kurz vor ihm angetreten, was eine gewisse Nähe zwischen ihnen herstellte. Zugleich aber gab es auch eine Art Eifersucht, da Domokos den Arbeitsraum mied und sich weder scheute, seine Ellenbogen zu gebrauchen, noch vor Révész zu kriechen, um in den Schutz der Büro- und Schreibtätigkeit, der Regeln und Vorschriften zu gelangen. Stellte er Dulics eine Falle, um ihn zu denunzieren und damit der eigenen Bequemlichkeit und Beförderung einen Schritt näher zu kommen? »Hör zu, Simon«, Dulics sprach ihn ausnahmsweise mit Vornamen an und das in möglichst freundlichem und vertraulichem Ton, um eine eventuelle Beschuldigung im voraus abzuwehren. »Du weißt genau, daß es nicht darum geht, ob ich das Protokoll gelesen habe oder nicht, sondern um eine Tatsache, die uns als Ungarn nicht gleichgültig sein kann; schließlich sind wir nicht nur Beamte, sondern auch Patrioten!« Er hatte offenbar ins Schwarze getroffen. Domokos' spöttische Miene wurde nachdenklich, seine eckigen Schultern spannten sich in dem zu engen grauen Sakko. »Natürlich sind wir das«, bestätigte er mit einem schrägen Blick auf Dulics, »aber gerade deshalb dürfen wir keine Ausnahme machen, wenn es um die Aufklärung eines Falles geht.« – »Eine Ausnahme?« Dulics spürte bereits, wie die Falle zuschnappte. Aber zum Glück befand sich Domokos auf einer falschen Spur. »Von einer Ausnahme kann gar keine Rede sein!« fuhr er fort. »Ich bin im Gegenteil für ein verschärftes Verfahren, wenn es um unser Fleisch und Blut geht. Denn hör mal« – er ereiferte sich jetzt aufrichtig und fühlte sich dabei erleichtert –, »ist es nicht ungeheuerlich, wenn jemand, dessen Mutter ohne Zweifel Ungarin ist und der sein erstes Wort auf ungarisch gesprochen hat, der unsere Sprache schon in der Wiege mit der Muttermilch eingesogen hat, heute gegen uns rebelliert?« Domokos hatte mit abgewandtem Blick genickt, als lausche er, und nun nickte er weiter wie auf der Suche nach einer Erwiderung. Plötzlich hob er den Kopf und sah Dulics aus seinen länglichen, hellen Augen scharf an. »Glaubst du etwa, der Kommunismus sei eine serbische Erfindung? Hast du aus dem Beispiel der Kommunen von neunzehn nichts gelernt? Meinst du nicht, daß wir es jetzt in Pest mit denselben Banditen zu tun haben wie hier? Du bist ganz schön naiv, mein Lieber.« Und er griff mit beiden Händen nach der Akte. »Brauchst du sie noch?« Dulics zögerte, er fühlte, daß er zum besten gehalten, ja verhöhnt wurde, aber ihm fiel nichts ein, womit er seine ins Wanken geratene Würde aufrichten konnte. »Nein, nein.« Er überließ die Akte Domokos' knochigen, langfingrigen Händen. »Mir ist das alles genauso klar wie dir«, meinte er sagen zu müssen. »Darum habe ich mir die Angaben noch einmal genau angesehen, bevor ich wieder zu diesem Schuft runtergehe.« Er glaubte, sich bestätigen zu müssen, und fuhr im Ton der Gleichgültigkeit fort: »Und du? Bist du mit deinem Radojčić fertig? Ich habe ihn eben hier herauskommen sehen.« Domokos bestätigte es mit einem kurzen »Ja«. Und als habe er sich zum Rückzug auf die Linie der Kollegialität entschlossen, fügte er ironisch hinzu: »Der Chef wollte ihn für sich. Jetzt sind sie unten in Raum sechs.« In seiner Stimme war ein seltsam höhnischer Unterton. Auf Kosten von Révész? Dulics ließ sich vorsichtshalber nicht darauf ein, das herauszufinden. »Du bist also hiergeblieben und hütest das Büro«, erwiderte er leicht anzüglich. »Jedem das Seine«, erklärte Domokos mit listiger Gelassenheit. Dulics nickte zustimmend und seufzte: »Na dann! Ich geh zu meinem Knaben.« Und er verließ das Zimmer.

Aber insgeheim war er durchaus nicht überzeugt, weder von Domokos' Böswilligkeit noch von der Ungeheuerlichkeit von Ostojins Gesinnung. Beides betraf ihn allzusehr, denn auch seine gesellschaftliche Orientierung und sein Ungarntum standen eigentlich auf wackligen Füßen. Zwar war er katholisch und Abkömmling rein ungarischer Eltern, aber sein – zweifellos von vergessenen slawischen Vorfahren ererbter – Familienname hatte ihn schon früh verunsichert. Da er in der ersten Grundschulklasse aus Nachlässigkeit als Dulić (mit ć) geführt wurde und, weil er in einer gemischtnationalen armen Vorstadt lebte, ausgezeichnet serbisch sprach, wurde er für einen Serben gehalten und sträubte sich nicht dagegen, zumal dies im nachmaligen Jugoslawien ein Vorzug war. Aber diese Abtrünnigkeit hatte zwei Gesichter; denn wenn er die serbischen Bauernsöhne, die in seinem Beisein ein Tagelöhnerkind verhöhnten, weil es ein serbisches Wort falsch aussprach oder weil es infolge seiner strengen Erziehung stiller und ängstlicher war, insgeheim wegen ihrer Dreistigkeit verurteilte, so besaß er doch nicht den Mut, das deutlich zu sagen, um sie nicht als Kameraden zu verlieren. Schon als er wegen Mittellosigkeit die Schule hatte verlassen müssen, schwankte er in seiner Verletztheit, ob er diese Armut anklagen mußte, die ohne Ansehen der Nationalität alle ereilte, oder ob er sich von einer Nation abwenden sollte, welche die Armen von allen führenden Posten ausschloß; die wirkliche Wendung kam erst, als er, bereits ein reifer Mann, der eine Familie gründen wollte, sich wegen seines anderen Glaubens, der nun keine Nebensache mehr war, gerade jenen ungarischen Tagelöhnerschichten zuwenden mußte, zu deren Demütigung er früher geschwiegen hatte. Seine Auserwählte entstammte der kinderreichen Familie eines Winzergehilfen, einem Haus mit Lehmfußboden, wo jedes Kleidungsstück vielfach vererbt wurde und wo man weder Kino noch Radio noch Sommerfrische oder andere Formen der Zerstreuung kannte, die den Serben, wie er aus eigener Anschauung wußte, wegen ihres freieren und kühneren Auftretens zugänglich waren, selbst wenn sie zur selben Schicht gehörten. Die Heirat mit Jolanda, die ihn mit ihren schrägen Augen und ihren kurzen, beweglichen Beinen verlockt hatte, sie zu besitzen und zu schwängern, hatte ihn also an den Fuß der gesellschaftlichen Leiter zurückgebracht; diese Frau, die kaum den Schulabschluß geschafft hatte, sprach ein klägliches Serbisch, und er mußte sie als Dolmetscher bei Einkäufen und Behördengängen begleiten, was ihn in denselben Zustand demütigender Unterlegenheit versetzte und zugleich seine, ihrer beider Unterlegenheit in Neid und Rachsucht verkehrte. Den Einmarsch der ungarischen Truppen begrüßte er bereits als Ungar, der gelitten hatte, und zwar doppelt, weil er sich lange in dem Irrtum befunden hatte, daß er nicht würde leiden müssen: und diese doppelt intensive Empfindung bewog ihn, mit Unterstützung der Nationalgarde, deren eifriges Mitglied er wurde, bald in den Polizeidienst einzutreten, der ihm sonst als möglicher Beruf nie in den Sinn gekommen wäre.

Getreu der in seiner Familie tradierten Auffassung von Arbeit hielt er ihn auch jetzt noch für einen schlechten, da bei anständigen, einfachen Menschen verhaßten Beruf; er ahnte, daß ihm und seinen Angehörigen deshalb, falls es zu einem unerwünschten Umschwung im Krieg kam, Vergeltung und Untergang drohten, so daß er seine Einwilligung zu dieser Tätigkeit – wenngleich deren beachtliche Einträglichkeit dabei auch eine Rolle gespielt hatte – als patriotisches Opfer ansah. Vielleicht schon in ein, zwei Jahren würde man ihn wie einen Hund erschlagen und verscharren, sein Name würde ausgelöscht sein oder nur als Symbol für gemeine Verbrechen und Grausamkeiten erwähnt werden. Und warum? Weil er etwas getan hatte, was irgend jemand tun mußte, denn in dem gerade erst bis zu seinen natürlichen Grenzen erweiterten Ungarn galt es, der Hydra des Aufruhrs Einhalt zu gebieten, und zwar mit Härte und Gewalt; während Ostojin, Sohn einer Ungarin wie er, aber nicht wie er belastet, sondern vielmehr begünstigt durch seine Dualität, wonach er zu einer Zeit vollberechtigter Serbe und zur anderen Ungar sein konnte, makellos rein bleiben würde, sogar geheiligt durch sein freiwilliges Leiden, Ruhm und Stolz des einen wie des anderen Volkes. Ausgerechnet dieses Jüngelchen, dieser Schwächling, der noch keine Pflicht und Verantwortung kannte, der in Ruhe auf Kosten seines Vaters hätte leben und sich still verhalten können, der also aus reinem Übermut und Spaß rebellierte, um ihn zu verhöhnen, ihn, der seit seiner Kindheit gearbeitet hatte, der von familiären Sorgen belastet und Vater eines kranken Kindes war! Dulics empfand jetzt Ostojins Vermessenheit wie eine Ohrfeige, und während er an den sorglosen Wächtern vorbei hinabging ins Souterrain mit den Arbeitsräumen, aus denen gedämpfte Schmerzensschreie und Drohungen drangen, hatte er den Eindruck, daß Ostojin es war, der ihm hinterhältig die Arbeit des Folterknechts aufzwang.

Als er den Arbeitsraum betrat, saßen beide Wächter rauchend auf der Bank, und Ostojin stand an die Wand gelehnt, mit geschlossenen Augen und nassem Oberkörper. Beim Quietschen der Tür bewegte er mit leichter Verzögerung den Kopf und öffnete das eine Auge, und die Wächter hoben, ebenfalls verspätet und etwas betreten, ihre Hinterteile vom Sitz. »Steht auf«, sagte Dulics, »ihr müßt ihn festbinden.« Und Ostojin befahl er: »Zieh die Schuhe aus.« Dieser verstand, sein Auge blinzelte, aber er bückte sich sehr langsam, mit sichtlicher Mühe, und als er nach dem einen senkellosen Schuh griff, schwankte er und wäre fast gestürzt. Normalerweise hätte Dulics eine solche Gelegenheit genutzt, um den Gefangenen durch Prügel und Beschimpfungen zu strafen, jetzt aber hielt er sich zurück, entschlossen, sich nicht seinen Gefühlen zu überlassen. Er wartete geduldig, bis Ostojin sich seiner Schuhe entledigt hatte, und wies auf die Bank. »Dahin.« Ostojin gehorchte. Die Wächter packten ihn grob an den Armen und zerrten ihn hinab. »Auf den Rücken oder auf den Bauch?« fragte der unbekannte Wächter mit einer halben Drehung und mit unterwürfigem Blick auf Dulics. »Auf den Bauch, auf den Bauch«, antwortete Dulics hastig, denn er hatte ein paar Augenblicke für die Überlegung verloren, in welcher Position er den Körper haben wollte. Die Wächter warfen den Jungen so hastig auf die Bank, daß sie fast umkippte, wofür ihn Nagy-Károlyi mit einem Schlag auf den Rücken bestrafte. Der unbekannte Wächter fesselte seine Beine oberhalb der Fußgelenke an den Sitz und die ausgestreckten Arme an die Füße der Bank. Dulics trat hinzu, prüfte mit dem Zeigefinger alle drei Fesseln, und weil er eine zu schlaff fand, wies er Nagy-Károlyi mit stummer Geste an, sie festzuziehen. Dann ging er ans andere Ende des Arbeitsraums, wo ein hoher, schmaler Korb voller Stäbe stand. Er zog einen heraus, prüfte ihn, steckte ihn zurück, nahm einen anderen und schwenkte auch ihn, daß es pfiff. Er empfand ihn als elastischer, schärfer, also behielt er ihn und kehrte zur Bank zurück. Ostojin lag bäuchlings darauf, die Beine aneinandergefesselt, die Hände fast am Boden, der Kopf über den Rand hängend, wie vor einem Hechtsprung ins Wasser. »Und die Socken?« Nagy-Károlyi und der unbekannte Wächter sprangen herbei und machten sich an den Strümpfen des Gefangenen zu schaffen, aber sie zerrten so hastig daran, daß sich das nasse und verklebte Gewirk nur noch schwerer von den Füßen löste.

Hervor kamen weiße, an den Sohlen rosige Füße. Dulics näherte sich und zog mit einem Ausdruck des Ekels die Luft ein. »Nichts«, bemerkte er, »Herrenrasse. So hatte ich mir das auch gedacht.«

Lustvoll hob er den Stab und schlug aus aller Kraft auf Ostojins Fußsohlen. Er hörte ein Pfeifen und einen unterdrückten Schrei und sah, daß sich auf der Haut dicke rote Striemen bildeten. Er holte wieder aus und wieder, zählte bis fünf. Dann ging er um die Bank herum bis zu Ostojins Kopf. »Jetzt rede, denn das war erst der Anfang. Hast du mich verstanden! Ich will wissen, wer dir befohlen hat, diese Parolen an die Mauern zu schmieren, und wer dir dabei geholfen hat.« Nichts. »Rede, sonst schlag ich dich tot.« – »Niemand.« Diesmal enttäuschte ihn die Weigerung nicht, er hatte sie erwartet, ja herbeigesehnt. »Also können wir weitermachen«, sagte er und kehrte zurück zu Ostojins Füßen. Die Striemen waren inzwischen purpurrot geworden und dick angeschwollen. Er hob den Stab und schlug wieder fünfmal zu. »Wer? Sag es!« Er bückte sich, um zu lauschen, und vernahm nur ein Röcheln. »Ich will die Namen, hörst du! Wer?« – »Niemand«, lautete die verzerrte, wie durch einen Kalkpfropfen hervordringende Antwort. »Ich habe nichts dagegen«, erklärte er und fuhr mit den Schlägen fort. Immer fünfmal. Die Fußsohlen waren jetzt eine einzige blutige Schwellung. »Macht ihn los.«

Er drehte sich um und legte den Stab weg. Während er den Wächtern zusah, die Ostojins Arme und Beine von den Fesseln befreiten und ihn aufrichteten, zündete er sich eine Zigarette an. Seine Hand zitterte, als er das Streichholz heranführte, und bei dem Versuch, sie ruhig zu halten, übertrug sich das Zittern auf seinen ganzen Körper, so daß er wie von Fieber geschüttelt wurde. Für einen Moment glaubte er, daß er krank sei, ein Opfer der Infektion, die er auf Igelchen übertragen hatte, wenn es denn so war. Doch sofort verwarf er diese Vermutung als ein seiner unwürdiges Zurückweichen vor einer unangenehmeren Wahrheit. Die Sache war einfach die, daß er jetzt mit Vorbedacht folterte und nicht aus Wut wie sonst, was ihm leichter fiel; darum waren seine Nerven zu sehr angespannt; das durfte jedoch keinen Einfluß auf das haben, was er zu Ende bringen wollte. »Schneller!« trieb er die Wächter an, die sich um Ostojin drängten und sich gegenseitig behinderten bei dem vergeblichen Versuch, ihn auf den geschwollenen Füßen zu halten. »Ihr sollt ihn hinsetzen. Der spanische Stiefel!«

Nagy-Károlyi überließ es dem unbekannten Wächter, Ostojin auf die Bank zu setzen, und lief eilig zu dem Korb, dem er eine Handvoll Latten entnahm. Er kam zurück, hielt sie an Ostojins Unterschenkel und rief seinem Kameraden zu: »Festbinden!« Der jedoch begriff nicht, was man von ihm verlangte, und sah sich, während er Ostojin festhielt, damit er nicht von der Bank rutschte, fragend zu Dulics um. »Ich mach' das schon«, entschied Dulics, drückte den Zigarettenstummel aus, kam zur Bank, kniete nieder ohne Rücksicht darauf, daß er seine Hosenbeine in der blutigen Pfütze beschmutzte, griff nach dem Strick und wickelte ihn ein paarmal um die Latten, die Nagy-Károlyi an die Beine des Gefangenen hielt. »Und jetzt verkeilen«, befahl er im Aufstehen.

Nagy-Károlyi griff sich eine der angespitzten Latten, die am Boden lagen, drückte sie mit der Spitze zwischen die Leisten um Ostojins Knie und sah sich um. »Gib mal den Hammer vom Tisch.« Der andere Wächter, der offenbar noch immer nicht verstand, was sich vorbereitete, ging zum Tisch, nahm den Hammer mit dem beidseitig abgestumpften Kopf und brachte ihn, nachdem Nagy-Károlyi genickt hatte, herbei. Nagy-Károlyi nahm ihn entgegen und begann sofort, in der Fortsetzung derselben Bewegung, die Latte zwischen die anderen zu treiben. Das ging leicht, denn Dulics hatte die Latten um Ostojins Beine nicht fest genug verschnürt. Aber Dulics störte das jetzt kaum, er wußte, daß schon die nächste auf größeren Widerstand treffen würde. Und tatsächlich, als sich Nagy-Károlyi daran machte, die zweite Latte einzuschlagen, drang sie nur langsam ein, Zentimeter für Zentimeter. Ostojins Gesicht verzerrte sich und bedeckte sich mit Schweiß. Dulics, der ihn aufmerksam beobachtete, atmete auf. »Was ist? Tut es schon weh?« fragte er mit geheuchelter Besorgnis, während er sich eine neue Zigarette anzündete. »Das ist doch erst die zweite Latte, mein Kleiner. Sie ist dir nur ins Fleisch gedrungen. Und das ist weich, im Gegensatz zu den Knochen. Wenn dir erst die Knochen splittern, dann weißt du, was ein spanischer Stiefel ist.« Er wartete auf eine Antwort von Ostojin, aber da dieser den Kopf gesenkt hielt und schweigend litt, gab er Nagy-Károlyi ein Zeichen, fortzufahren. Nagy-Károlyi machte sich an die dritte Latte, und Ostojin schrie auf. Er hörte auch nicht mehr auf zu schreien, warf den Kopf zurück, und aus seinem weit aufgerissenen Mund ergoß sich das Gebrüll wie ein Strom, wie ein einziger Strom der Verzweiflung, denn der Schmerz, das wußte Dulics, ließ auch nicht einen Augenblick nach, wie etwa beim Prügeln, sondern steigerte sich vielmehr unter jedem Hammerschlag, bei dem Ostojins Beine hochzuckten. Nagy-Károlyi holte immer kräftiger aus, denn der Widerstand der Leisten und Stricke nahm zu, er drückte den Kopf auf die Brust und hieb zu, als triebe er einen riesigen Nagel in einen Felsblock. Ostojins Gebrüll erfüllte den Raum und hallte ohrenbetäubend von Decke und Wänden wider, und sein Körper zuckte wie unter Stromstößen, so daß der andere Wächter, der anfangs beinahe schläfrig über ihm gehangen hatte, sein ganzes Körpergewicht einsetzen mußte, um ihn auf der Bank zu halten. Nagy-Károlyi führte noch einen wuchtigen Schlag, mit dem er die dritte Latte auf das Niveau der anderen brachte. Dann legte er den Hammer weg.

»Was ist?« rief Dulics, so laut er konnte, um Ostojins Gebrüll zu übertönen, doch es gelang ihm nicht, er hörte die eigene Stimme nicht, sie ging in diesem endlosen Schrei wie ein Flüstern unter. Er bückte sich und zog Nagy-Károlyi am Ärmel, und als dieser fast erschrocken aufschaute, sah er ihn fragend an. Nagy-Károlyi hob die Schultern, mit einem stumpfen Ausdruck in dem schweißüberströmten Gesicht, den weit aufgerissenen Augen. »Mach weiter!« befahl Dulics, wobei er mit der Faust der einen in die andere Hand schlug, denn seine Stimme war, obwohl auch er jetzt schrie, nicht zu vernehmen. Nagy-Károlyi schüttelte den Kopf und zeigte auf Ostojin, der sich schlaff an den anderen Wächter lehnte und brüllte. Aber Dulics schlug wieder mit der Faust der einen in die andere Hand, und Nagy-Károlyi beugte sich ohne weiteren Widerstand. Er hob eine der beiden übriggebliebenen Latten vom Boden auf, tastete lange nach einer Lücke zwischen Ostojins Knien, und als er endlich die Spitze in einen schmalen Spalt gesetzt hatte, griff er nach dem Hammer und holte aus. Er schlug zweimal, dreimal zu, und plötzlich trat eine Stille ein, in welcher der vierte Schlag wie ein Gewehrschuß knallte, und nachdem sein Echo verhallt war, hörte man ein leises Knirschen, dünn und tückisch wie Mäuseknabbern. Nagy-Károlyi legte den Hammer aufs Knie und sah Dulics an, Dulics beugte sich über Ostojin. Das Kinn des Gefangenen hing herab, sein Mund stand offen, die Zunge hing schlaff zwischen den wunden Lippen heraus, die Augen waren geschlossen. Aber das Knirschen war noch zu vernehmen, es drängte sich dem Gehör geradezu auf. Dulics versuchte ihm mit dem Blick zu folgen und begriff plötzlich, daß tatsächlich – wie er in seiner Drohung vorausgesagt hatte, so unglaublich das schien – die Knochen in Ostojins Beinen splitterten. Aber der Gefolterte spürte das nicht mehr – er war ihm wieder entkommen.

Dulics zitterte am ganzen Körper, sein Mund war sogar unter der Zunge trocken und rauh. Er sagte mühsam: »Binde ihn los!« Und zu dem anderen Wächter: »Wo ist Wasser? Hol welches! Wir müssen ihn aufwecken.«

Der Wächter ließ Ostojin los und ging hinaus, und Dulics hatte das dringende Bedürfnis, sich zu entfernen, er folgte ihm automatisch, fast taumelnd. Vor der Tür blieb er stehen, aber er sah nichts, hörte nichts, zitterte nur, mal leichter, dann wieder heftiger, wie ein Spielzeug, das einer fremden Kraft ausgeliefert ist. Allmählich begann sein Gehör wieder äußere Eindrücke aufzunehmen, ein Krachen und gedämpfte Schritte, dann nahm sein Blick ein Gedränge am Ende des Flurs wahr. In den Arbeitsräumen war ein ständiges Kommen und Gehen, jemand wurde wie ein Klotz zur Treppe und die Stufen hinaufgezerrt. Aus diesem Chaos tauchte plötzlich Révész auf, sein breiter Oberkörper spannte sich unter dem Hemd, seine ziemlich krummen Beine wälzten ihn näher, ihn und sein schweres rundes Gesicht mit dem an der Unterlippe klebenden Zigarettenstummel und den rätselhaften, halbgeschlossenen, von einer herabhängenden Haarsträhne verdeckten Augen. Er blieb stehen, als hätte Dulics nach ihm gerufen und als erwartete er, daß dieser ihm etwas zu sagen hätte. Dulics, noch nicht ganz bei sich, lächelte mühsam. »Du bist nicht da drin?« fragte er obenhin, wenn auch mit zischendem Atem vor und nach jedem Wort. »Ich bin gerade herausgekommen«, erläuterte Dulics, schlug die Hacken zusammen und bemerkte im selben Augenblick mit Unbehagen, daß Domokos hinter Révész auftauchte und die Ohren spitzte. »Ich bin gerade herausgekommen«, wiederholte er gelassener. »Jetzt warte ich auf Wasser, damit wir ihn begießen können.« Der Chef sog am Zigarettenstummel, schob die Lippe vor, und Domokos' Gesicht hinter ihm entspannte sich merklich. »Also ist er dir ohnmächtig geworden?« fragte der Chef wieder obenhin, ohne zu verraten, ob er das gutheiß oder nicht. »Ja«, gab Dulics zu und erklärte: »Das geht bei dem ganz schnell. Er ist ein Schwächling. Aber diesmal« – er räusperte sich, um seiner Stimme Festigkeit zu verleihen –, »diesmal wird er reden.« Der Chef schwieg, dann drehte er sich zu Domokos um und lachte ganz gegen seine Gewohnheit. »Sag's ihm, Simon.« Domokos beugte sich vor und teilte leise, fast flüsternd mit: »Der Chef hat diesen Radojčić in die Zange genommen, und der hat alles gestanden. Über die Parolenschmiererei. Auch über Ostojin. Alles, verstehst du.« Er verzog seine rauhen Lippen und starrte Dulics aus weit offenen hellen Augen an. »Alle Namen. Alle Adressen. Alles.« Dann nahm er ebenso schnell wieder seine gewohnte graue, nichtssagende Miene an. »Ja«, bestätigte Révész und spie den Zigarettenstummel auf den Boden. »Es stimmt. Alles. Und folglich«, fuhr er an Dulics gewandt fort, »wenn dein Knabe nicht redet, wenn er kein einziges Wort sagt, dann brauchst du dir nichts daraus zu machen, hörst du.« Er zog aus der Hosentasche, ohne die Schachtel herauszunehmen, eine neue Zigarette und klebte sie an seine Unterlippe. »Du brauchst dich nur noch mit ihm zu amüsieren, hörst du.« Mit der anderen Hand fischte er nach dem Feuerzeug, hielt es an die Zigarette, preßte die Lippen zusammen und inhalierte den Rauch. »Also viel Spaß, denn wir brauchen diesen Ostojin nicht mehr. Klar?« Und als Dulics ebenfalls »Klar« gemurmelt hatte, drehte er sich auf dem Absatz um und breitete die langen Arme aus, so daß Domokos hinter ihm verschwand. Er setzte sich schwer und träge in Bewegung, und beide entfernten sich durch den Flur, Révész watschelnd und Domokos um ihn herumhüpfend, als bahnte er ihm den Weg und ließe ihm zugleich den Vortritt.

Dulics blieb mit der Schmach seiner Niederlage zurück. Am liebsten hätte er sich in einen leeren Raum, in die Einsamkeit zurückgezogen, um Atem zu schöpfen und zu sich zu kommen. Aber so einen Raum gab es nicht in diesem Haus des Zorns, wo an allen Ecken und Enden gefoltert und geschrien wurde. Gerade kam jemand herbeigerannt – es war der andere Wächter mit dem Eimer in der Hand, über dessen Rand das Wasser schwappte. »Paß doch auf, du Idiot!« herrschte ihn Dulics an. »Du wirst nochmal welches holen müssen.« Und er ließ ihn vorbei.

Aber er hatte sofort begriffen, wie dumm es war, sich weiter um Ostojins Ohnmacht zu kümmern, der unbrauchbar geworden, der eine Leiche war. Ja, eine Leiche, denn wie Révész zu verstehen gegeben hatte, wurde er für die Ermittlungen nicht mehr benötigt. Also verschont, von weiteren Leiden befreit, nur wegen seiner Standhaftigkeit? Aber das wäre ja keine Strafe, sondern ein Lohn, den er, Dulics, ihm nicht gönnen durfte.

Er drehte sich um und ging mit neuer Entschlossenheit, mit kalter Wut, die ihm wieder Lebenskraft verlieh, in den Arbeitsraum zurück. Dort lag Ostojin auf dem Betonboden an der Wand, ohne den spanischen Stiefel, ganz naß, mit einer Pfütze unter sich, und die beiden Wächter standen gebückt und sahen ihn an. Dulics schob Nagy-Károlyi beiseite und beugte sich selbst zu ihm hinab; der Mund des Gefangenen rang nach Atem, das eine Auge war wieder zur Hälfte sichtbar. »Ich habe doch gesagt, daß ich noch Wasser brauche«, erklärte er dem anderen Wächter. »Zwei Eimer, verstanden?« Und zu Nagy-Károlyi: »Heb ihn hoch und fessele ihn wieder an die Bank, aber auf dem Rücken und so, daß er sich nicht rühren kann.« Nagy-Károlyi griff Ostojin unter die Achselhöhlen, konnte ihn jedoch nicht aufrichten. »Warte«, sagte Dulics, trat hinzu und faßte den Jungen unterhalb der Knie. Ostojin stöhnte vor Schmerzen, zitterte, wand sich, aber Dulics packte noch fester zu, da, wo er wußte, daß es schmerzte, denn es sollte schmerzen, und so hob er Ostojin gemeinsam mit Nagy-Károlyi auf die Bank. Sofort trat er angewidert zurück. Er war naß, über seinen Ärmel zogen sich zwei, drei schleimige blutige Streifen. »Pfui!« schimpfte er, zog mit zwei Fingern jeder Hand vorsichtig das Sakko aus und hängte es über einen Stuhl. Aus der Tasche nahm er Streichhölzer und Zigaretten und zündete sich eine an. Er bemerkte, daß seine Finger nicht mehr zitterten. Als er sich umdrehte, sah er, daß Ostojin bereits an die Bank gefesselt war und Nagy-Károlyi sich stöhnend aufrichtete. »Hol einen Trichter und einen Topf«, trug er ihm auf. In diesem Moment kam auch der andere Wächter mit zwei vollen Wassereimern herein, und er befahl ihm, sie vor der Bank abzusetzen. Er trat zu Ostojin und prüfte die Festigkeit der Fesseln um seine Beine sowie um Rumpf und Arme, die zusammengebunden waren. Dann beschied er: »Raus mit euch beiden!«

Von Nagy-Károlyi empfing er den roten Trichter in die linke und das verbeulte blaue Töpfchen in die rechte Hand, beugte sich, beide hinter seinem Rücken versteckt, herab und schaute, während er darauf wartete, daß er alleingelassen wurde, in Ostojins Gesicht. Es war kalkweiß, so daß sich die blauen Flecken deutlich abhoben, nicht nur über dem linken Auge und auf der linken Wange, sondern auch die bisher nicht sichtbaren am rechten Unterkiefer. Aber die Lippen – die obere intakte und die gespaltene, geschwollene untere – waren weich und harmonisch geschlossen, und in dem halboffenen Auge von der Farbe eines seltenen Steins saß ein Ausdruck wacher Aufmerksamkeit. Als Dulics sich überzeugt hatte, daß die Wächter gegangen waren, beugte er sich über dieses Auge und sagte: »Jetzt sind wir beide allein. Ich stelle dir keine Fragen, denn du kannst mir nichts mehr sagen. Wir haben alles von deinen Komplizen erfahren, alles, verstehst du, dein Schweigen war umsonst, mich interessiert nichts mehr außer deiner Qual. Und darum werde ich dich jetzt quälen. Nicht damit du redest, sondern damit du leidest; merk dir das.« Er schob Ostojin den Trichter zwischen die Lippen und mit leichtem Druck weiter zwischen die vom Blut rosig verfärbten Zähne. »Jetzt wirst du Wasser trinken. Soviel Wasser, daß dir der Bauch bis zum Platzen anschwillt.« Er bückte sich, schöpfte mit dem Töpfchen Wasser und goß es in den Trichter. Er achtete nicht auf seine Bewegungen, sondern auf Ostojin. Der schluckte langsam, sein Adamsapfel glitt zitternd auf und ab, er schluckte, schluckte, und Dulics bückte sich, ohne ihn aus den Augen zu lassen, nach rechts, um Wasser zu schöpfen und es erneut in den Trichter zu gießen. Er muß schon mindestens zwei Liter getrunken haben, rechnete er nach und fragte sich, ob er und Ostojin der Grenze nahe seien, an der ein menschlicher Magen keine Flüssigkeit mehr aufnehmen konnte. Er wünschte sich, daß sie noch weit entfernt wäre, daß diese Gymnastik noch lange andauern möge, dieses Spiel der kommunizierenden Röhren zwischen dem vollen Wassereimer, mit dem er, Dulics, sich jetzt identifizierte, und Ostojins Eingeweiden, denn er fand in diesem Spiel eine beinahe zarte Befriedigung, eine Vereinigung, die sich hinzögerte, aber unweigerlich mit seinem Sieg und der Niederlage des anderen enden würde. Er goß Wasser nach und beobachtete, daß sich Ostojins Adamsapfel immer langsamer bewegte, aber unaufhaltsam auf dem Weg zu seinem, Dulics' Sieg. Der Junge atmete jetzt schon schwer durch die Nase, er stöhnte, seine Wangen bliesen sich auf und bekamen rote Flecke, aber er trank noch, der Adamsapfel glitt noch hinauf und hinab, und das Wasser im Trichter senkte gehorsam seinen unruhigen, durchsichtigen Spiegel. Wie lange noch? fragte sich Dulics besorgt und erwartungsvoll, denn so sehr er sich auch vor der Grenze fürchtete, so sehr sehnte er sie jetzt herbei. Immer neugieriger, denn er wußte nicht, was sich hinter ihr ereignen würde, er ahnte nur, daß es etwas bislang nicht Erlebtes, Schreckliches sein würde, das ihm schon im vorhinein einen Schauder über den Rücken jagte. Auf einmal würgte Ostojin, aus seinem Mund schoß nach beiden Seiten ein Strahl, er hustete. »Nein, nein, noch nicht«, sagte Dulics fast bittend, »du kannst noch schlucken, nicht wahr?« Er ließ das Töpfchen fallen und griff mit Daumen und Zeigefinger der rechten Hand nach der Nase des Jungen. »Sonst wirst du auch nicht mehr atmen«, drohte er. Ostojin verkrampfte sich, sein Gesicht wurde dunkel, sein Auge trat hervor, aber er begann ächzend und hustend wieder zu schlucken. »So ist es gut«, lobte Dulics und gab seine Nase frei. »Schluck schön.« Er bückte sich, schöpfte Wasser und goß es in den Trichter. Dabei wußte er, daß die äußerste Grenze nicht mehr fern war, und das erfüllte ihn mit Bangen, aber auch mit Siegesgewißheit. Ostojin atmete geräuschvoll durch die befreite Nase und trank, dann verschluckte er sich, hustete, sein Kopf zuckte, sein ganzer Körper zuckte, sein Gesicht lief erst rot und dann blau an, doch Dulics goß Wasser nach und drückte mit dem Trichter zu. Ostojin röchelte bereits, er war am Ersticken, die Wasserstrahlen, die sich aus seinem Mund ergossen, färbten sich rosig. Ich werde ihn umbringen, dachte Dulics schaudernd und war sich zugleich sicher, daß man ihn deshalb nicht zur Verantwortung ziehen würde, das war aus Révész' Worten klar geworden.

Er drückte mit aller Kraft auf den Trichter, ließ das Töpfchen fallen und nahm auch die rechte Hand zu Hilfe, er drückte und fühlte, wie das scharfe Metall ins Fleisch drang, er sah, wie Ostojins Auge zwischen den Lidern und Wimpern hervorquoll, wie es zum irren Nicht-Auge wurde und ihm die Erinnerung an die Augen eines anderen aufdrängte, und plötzlich fiel ihm ein, daß das Igelchens Augen waren, wenn sie aus Angst vor dem Zorn des Vaters riesig und rund wurden. Ich bringe meinen eigenen Sohn um, dachte er ungläubig, doch im selben Augenblick ging ihm auf, daß das keine Einbildung war, denn durch den sinnlosen Mord an dem Gefangenen lud er eine Todsünde auf sich, die nach Strafe verlangte, und diese Strafe würde ihn am ehesten über denjenigen treffen, der ohnehin auf den Tod daniederlag und in Gottes Händen war. Indes, er war nicht mehr Herr seiner selbst, er konnte nicht aufhören, er stieß immer wieder zu und empfand mit Lust das Eindringen des Trichterrohrs, das ein Fortsatz seines Körpers zu sein schien, er stieß zu und sah mit Entsetzen in Ostojins Gesicht den blutenden Mund seines eigenen Sohnes und dessen geweitete Augen, er zermalmte in beiden das, was sich seinem Willen widersetzte, und das Todesröcheln klang in seinen Ohren wie ein Stöhnen der Liebe. Erst der Augenblick nach der Befriedigung, die Feuchtigkeit auf dem Oberschenkel ernüchterte ihn. Ostojins blaues Auge war erstarrt, längst tot. Er zog den Trichter aus seinem Mund, bis zum Henkel benetzt mit Blut, dessen Rot dunkler war als das Rot der Emaille. Auch Ostojins Mund war voller Blut, er gähnte wie ein zweiter, deformierter Trichter.

Jetzt empfand Dulics keinen Haß mehr auf ihn, nur Angst und Entsetzen. »Was habe ich getan, was habe ich getan«, murmelte er, aber das waren keine Fragen, sondern Antworten auf die Bilder dessen, was er angerichtet hatte. Er begann zu begreifen, daß er eine Bestie war, ein abartiges Monstrum, und daß er unmöglich mehr weiterleben konnte wie zuvor. Er wunderte sich, wieso er noch nicht zusammengebrochen und zu Staub zerfallen war. Dabei kam ihm in den Sinn, daß ihn die Strafe erst über Igelchen ereilen würde, daß Igelchen jetzt zusammenbrechen und zerfallen würde, das Kind, das »in Gottes Hand« war, eine Mahnung, die Dulics gehört und die er von sich gewiesen und besudelt hatte. Inzwischen war diese Mahnung sicher

Wirklichkeit, der Junge lag tot da mit offenem Mund und glasigen Augen wie Ostojin; das ganze Haus war tot, nur erfüllt von den gellenden Schreien der halb wahnsinnigen Frau. Wie sollte er ihr begegnen? Wie sollte er überhaupt den Menschen begegnen, ihnen in die Augen sehen, wenn jeder in ihm denjenigen erkannte, den über den eigenen Sohn die Strafe ereilt hatte, etwas, worüber er sich stets erhaben gedünkt hatte? Untergang und Schande! Untergang und Schande! Der Name getilgt, das Alter kalt, einsam, beschmutzt. Wie sollte er das ertragen?

Indes konnte er es auch hier bei Ostojin nicht aushalten, er ertrug seinen Anblick nicht, weil er in ihm den toten Sohn erblickte, und doch konnte er nicht umhin, ihn anzusehen, ihn und die blutbespritzten, Blutgeruch verströmenden Wände, die ihn umdrängten und zu ersticken drohten. Er mußte hinaus aus dieser Enge, mit der Last des nicht wiedergutzumachenden Verbrechens auf den Schultern.

Er verließ den Arbeitsraum. Stimmengewirr, gedämpfte Schreie, irgendwo Nagy-Károlyi und der andere Wächter, die sorglos plauderten und rauchten. Er ging mit gesenktem Kopf an ihnen vorbei, wagte sie weder anzusehen noch anzusprechen und war sich im übrigen sicher, daß sie sogleich in den Arbeitsraum schauen und sich von dem Entsetzlichen überzeugen würden, das er hinterlassen hatte, und daß sie schon morgen von dem Entsetzlichen erfahren würden, das seine Strafe war. Er war entwürdigt, ein Symbol des Verfalls.

Schon stieg er die Treppe hinauf, doch konnte er den Gedanken nicht ertragen, ins Büro zu Révész und Domokos zu gehen, sich ihnen auszusetzen mit dem, was er getan hatte, und mit dem, was ihm angetan worden war. Dann lieber tot, dachte er. Den Revolver aus dem Halfter ziehen und sich eine Kugel in die Schläfe jagen. So würde ihn ein Augenblick des Schmerzes von der Schande eines ganzen

Lebens befreien. Aber wo sollte er das tun? Er ging zu den Toiletten, wollte eintreten, doch die Tür stieß an etwas Weiches, und als er sie weiter zu öffnen versuchte, erschien das gerötete Gesicht des Kollegen Kloppenholz, der grinste: »Warte ein bißchen, ich habe hier zwei Damen!«

Dulics gelang ein Lächeln als letzte Verstellung, die ihm sein Dienst aufzwang, den er nach außen hin noch ausübte, und er ging weiter. Rechts war das Schreibzimmer, wo zu dieser Tageszeit niemand mehr arbeitete. Aber auf dem Tisch stand ein Telefon, und er trat fast unter Zwang näher. Mit der Frau sprechen, hören, was geschehen war, ob das Entsetzliche wahr geworden war, wie er es zutiefst glaubte und fühlte. Er hob den Hörer ab, aber es ertönte kein Freizeichen, dieser Apparat hatte keine direkte Verbindung mit der Stadt. Also wartete er, bis sich der Telefonist meldete. Er nannte ihm stammelnd die Nummer, wartete und fühlte dabei Blutleere im Kopf und Übelkeit in der Magengegend. Endlich kam ein Rufzeichen, ein zweites, ein drittes, dann eine Unterbrechung. Sie sagte natürlich nichts. Er holte Luft: »Bist du's, Joli?« – »Ja.« – Ihre Stimme war schwach, wie ersterbend, und sein Magen krampfte sich zusammen. »Sag doch, was es Neues gibt. Wie geht es Igelchen?« – »Igelchen« – hier begann sie zu schluchzen –, »es geht ihm besser, viel besser, das Fieber ist runtergegangen. Oh, Jancsi, er wird wohl durchkommen.« Er wartete, konnte es nicht glauben. »Bist du's wirklich?« – »Ja, natürlich.« – »Und du sagst, es geht ihm besser?« – »Ja, er hat nicht mehr so hohes Fieber, er hat klare Augen und wollte sogar Himbeersaft trinken. Jancsi, ich bin ja so glücklich!«

Er legte auf, ihren Redeschwall wollte er nicht mehr hören. Er fühlte, wie durch eine unmerkliche Berührung die Last von ihm genommen wurde, wie die Übelkeit verging und sein Kopf klar wurde. Alles kommt wieder in Ordnung, dachte er oder fragte sich eher, ob das möglich wäre. Das Leben ging also weiter, als sei nichts geschehen, er blieb ein Mensch, er hatte einen Sohn, eine Zukunft, eine unendlich lange Zukunft vor sich. Leben! In einem übermächtigen Gefühl, einer Mischung aus Rührung und Verzweiflung, wandte sich Dulics zur Tür, verschloß sie, kehrte zurück, fiel auf die Knie, faltete die Hände, hob den Blick zur Decke und rief laut, befreit: »Ich danke dir, Gott! Es gibt dich nicht, Gott! Nein, es gibt dich wirklich nicht. Ich danke dir!«

Dann stand er ruhig und erleichtert auf, ging zur Tür und schloß sie auf. Er begann, sein Äußeres in Ordnung zu bringen, fuhr sich durch das wellige Haar, sah sich nach einem Spiegel um und blickte, nachdem er keinen gefunden hatte, an sich herab: die Weste zerdrückt, die Hose fleckig. Erst jetzt bemerkte er, daß er ohne Sakko war. Er hatte es im Arbeitsraum abgelegt und nicht wieder angezogen. Er überlegte, ob er hinuntergehen sollte, um es zu holen, doch ihm fiel ein, daß dort Ostojins toter, blutbeschmierter Körper lag, vielleicht noch immer an die Bank gefesselt. Er mochte ihn nicht sehen, allein der Gedanke daran machte ihn schaudern; er würde Nagy-Károlyi durch einen Wächter vom Einlaß beauftragen, die Leiche fortzuschaffen und ihm das Sakko zu bringen. Er konnte ihnen das befehlen, er konnte ihnen alles befehlen, und sie mußten ihm in allem gehorchen.

Die schlimmste Nacht

Es heißt, die schlimmste Nacht sei die Nacht des Sterbens, doch von ihr soll hier nicht die Rede sein. Denn bei allem Schrecken – und er ist der größte, weil endgültige – liegt im Sterben auch die Sehnsucht nach Frieden, die herkommt aus Krankheit und Leiden, Entkräftung, Mutlosigkeit. Das Bewußtsein sträubt sich gegen diese Sehnsucht nach Frieden, auch die noch gesunden Teile des Körpers, aber sie ist da und erstarkt in dem Maß, in dem sich das Bewußtsein und die Reste der Gesundheit vor der Krankheit zurückziehen, und sie obsiegt am Ende, in der größten Niederlage.

Natürlich können wir dem Tod auch gesund und unversehrt entgegensehen: in einer Zelle vor der Hinrichtung, in einem verschütteten, von der Umgebung abgeschnittenen Raum, wo wir auf Rettung nicht mehr hoffen können; das unausweichliche Ende wird uns hier von außen aufgezwungen, von Mauern, Riegeln, Ketten, Wächtern. Hier findet sich der Mensch als Opfer einer ungerechten Justiz, einer nicht selbstverschuldeten Katastrophe, trotz aller Vitalität mit dem Entsetzlichen ab, weil Mitmenschen oder Natur das Urteil über ihn gesprochen haben, weil es nicht in seiner Macht steht, etwas dagegen auszurichten.

Anders und noch schrecklicher ist die schlimmste Nacht eines Mannes, der sich bereitmacht, in sein Verderben zu gehen, sobald der Morgen graut, während sein Körper und Geist unversehrt sind und er bei voller Bewegungsfähigkeit ist und nicht verurteilt – nicht einmal unter Verdacht – wegen irgendeiner persönlichen Verfehlung. Er ist ein Selbstmörder besonderer Art. Aber während der echte Selbstmörder mehr Haß auf das Leben als Furcht vor dem Tod empfindet – gerade diese Übermacht des Hasses befähigt ihn dazu, Hand an sich zu legen –, hat der Mann in der schlimmsten Nacht unermeßliche Angst vor dem Tod und klammert sich mit fast wahnsinniger Leidenschaft an das

Leben. Auch auf seinen Untergang, seinen Tod macht er sich aus Leidenschaft für das Leben bereit, denn die Vorschrift, die er befolgt, ist auf der Seite des Lebens, während ihre Nichtbefolgung den sicheren Tod bedeutet. Dennoch führt auch der andere Weg zum Tod. Der Mann weiß es. Er weiß, daß er ihm geweiht ist als Angehöriger eines Stammes, der dazu verurteilt ist, in diesem Jahr 1940, 1941, 1942 1943 oder 1944 vom Erdboden zu verschwinden, und er kennt bereits – aus den heimlichen Gesprächen, die im ganzen Land bis zum letzten Winkel geführt wurden, wo einer aus seinem Volk lebt – die Orte, wo, und die Art und Weise, wie der Tod stattfindet. Entsetzliche Orte und entsetzliche Methoden: hinter elektrisch geladenem Stacheldraht, unter der Bewachung und dem Befehl von Aufsehern, die zum Haß erzogen und denen scharfe Wolfshunde beigegeben sind, in Hunger, Schmutz, Barackenenge, in Lumpen, unter Beschimpfungen, Schlägen und Demütigungen bis zur letzten Erschöpfung, da der noch lebende Körper in den Schlund der ewig brennenden Öfen geworfen wird.

Dennoch macht er sich morgen dorthin auf den Weg. Morgen, denn dieser morgige Tag ist das Ende seiner Freiheit.

Als dieser Tag von der Kommandantur der für den Abtransport zuständigen Militäreinheiten festgesetzt wurde, war er, der Gegenstand dieses Transports, frei. Er war auch frei, als dieser Tag auf Plakaten bekanntgegeben wurde, die aussahen wie alle anderen Plakate mit Aufrufen zur Impfung oder Schulanmeldung. Mit Stempel und Unterschrift der Behörde und unter Hinweis auf die Konsequenzen bei Widersetzlichkeit. In diesem Fall kann die Konsequenz nur der Tod sein, er weiß es, obwohl auf dem Plakat nichts davon steht. Zugleich weiß er, daß er so lange frei ist, wie er die Anordnung weder befolgt noch sich ihr widersetzt hat.

Er ist auch noch frei, während er sich in der schlimmsten Nacht darauf vorbereitet, sie zu befolgen. Und darum ist es die schlimmste Nacht.

Weil sie die Möglichkeit der Wahl enthält. Die Anordnung zu befolgen oder nicht. In beiden Fällen erwartet ihn der Tod, nicht der sichere, denn man transportiert ihn nicht unmittelbar zur Hinrichtung ab, sondern lediglich in der Absicht, ihn umzubringen. Und das macht seine Wahl unwirklich, unmöglich.

Er nämlich weiß, daß Vorschriften befolgt werden müssen: das hat er schon in der Kindheit gelernt. Sie sind die Grundlage des Lebens, geben Festigkeit und Sicherheit. Sie geben dem Menschen seinen Namen, den Ort, an dem er geboren ist oder den er sich erwählt hat, sie sichern ihm Freizügigkeit bei der Arbeitssuche und in den Mußestunden zu. Sie ermöglichen ihm aufzusteigen, sich zu bilden, mit einem geliebten Menschen zusammen eine Familie zu gründen, Kinder in die Welt zu setzen und zu erziehen, die seinen Namen und seinen Besitz erben werden. Sie garantieren ihm ein ungestörtes Alter und einen ruhigen Tod, ein Grab neben den verstorbenen Vorfahren.

Diese Vorschrift aber entwertet das alles. Sie nimmt ihm den Namen und ersetzt ihn durch eine zufällige Nummer, sie nimmt ihm den erlernten Beruf, die Freizügigkeit, die Familie, das Alter, den natürlichen Tod und den Grabstein. Sie jagt alles ins Ungewisse, in die Luft, wie eine Granate. Aber wenn man sie nicht befolgt? Dann erwarten einen eine andere Ungewißheit und Zerstörung. Fliehen. Doch wohin? Die Vorschriften umzäunen das ganze Sein des Verfolgten wie jene Stacheldrähte, die seinen Tod umzäunen werden; wohin er auch entweicht, man wird ihn kraft der Vorschriften befragen, wer er ist, woher er kommt, weshalb er seinen Wohnsitz aufgegeben hat, und das bedeutet, daß seine Flucht entdeckt werden wird. Seine Flucht vor den

Vorschriften, die mit dem Tod bestraft wird. Also welchen Tod erwählen?

Das ist das Dilemma des Mannes in der schlimmsten Nacht. Er sitzt, den Kopf in die Hände gestützt, in seinem Haus, das er morgen verlassen wird. Er wird es für immer verlassen, das weiß er, und darum schließt sich die Wohnung um ihn wie eine warme Muschel. Aber eine Muschel mit Türen, die von außen zerstört werden können, damit das Innere der feindlichen Umgebung zugänglich wird. Oh, wäre sie doch hermetisch verschlossen mit unsichtbarem und unschmelzbarem Siegellack. Könnte er doch in seiner Wohnung bleiben, bei seinen Sachen, bei seinen Nächsten, die im Schlaf liegen, unentdeckt, unsichtbar, unhörbar, lange, lange, ewig! Wäre doch diese Wohnung ein Unterseeboot, auf dem Meeresgrund liegengeblieben, ausgestattet mit allem, was man zum Leben braucht, dann könnte er still dort verharren, während über ihm in unerreichbarer Ferne der Sturm des Hasses tobt! Der Mann weiß, daß das ein vergeblicher Wunsch ist, von der Straße hört er Schritte knallen, es ist ein scharfes, rhythmisches, mehrstimmiges Knallen, Schritte nicht eines Einzelnen, sondern einer Patrouille, das Knallen genagelter Stiefel, begleitet bei jedem Tritt von dem Eisenrasseln an den Koppeln und Gewehrriemen. Stiefel und Gewehre. Die Drohung, abgeführt und erschossen zu werden. All das in zwei Schritt Entfernung, gleich hinter der Wand, und ihn schützt davor nur der Rest dieser Nacht.

Aber der Rest der Nacht wird immer kürzer, die Nacht verstreicht. Als Frau und Tochter zu Bett gingen, war es zwischen elf Uhr und Mitternacht, und nun ist es schon drei Uhr vorbei. Der Mann sieht es auf dem Wecker, der vor ihm auf dem Tisch steht. Es ist ein einfacher, runder Blechwekker, oben mit einem vernickelten Ring, damit er leicht am Zeigefinger hin und her getragen werden kann. Seit er angeschafft wurde – und das war bereits vor fünf oder sechs Jahren, denn diese großen, einfachen Uhren sind stabil – hat er oft seinen Standort gewechselt. Gewöhnlich stand er auf dem Nachtschränkchen neben dem Kopfkissen der Frau, damit er sowohl sie wach machte, die aufstehen und das Frühstück bereiten würde, als auch ihn, der zur Arbeit mußte, aber hin und wieder nahm ihn auch die Tochter beim Schlafengehen mit – der dünne Finger, den sie durch den Ring steckte, war im Laufe der Jahre kräftiger geworden –, wenn sie vor den Eltern wach werden wollte, um eine versäumte Hausaufgabe nachzuholen oder einen Ausflug zu machen. Dann kam es zu mißlichen Störungen. Der Wecker klingelte in aller Herrgottsfrühe – er hatte einen ziemlich durchdringenden, schrillen Klang – und riß vom Wohnzimmer aus, wo das Bett der Tochter auf der Couch unter dem Fenster aufgeschlagen war, das ganze Haus aus dem Schlaf, so daß die Frau aufstand, obwohl sie das gar nicht vorgehabt hatte, um nachzusehen, ob die Tochter sich das Frühstück wärmte, das Vesperbrot einpackte und sich auch warm genug anzog, während er nicht wieder einschlafen konnte, weil er unwillkürlich auf all die Geräusche im Nebenraum lauschte und Angst hatte, daß man nun den Weckruf für ihn (den überaus wichtigen Ernährer der Familie) vergessen könnte. Unschuldige, harmlose Mißverständnisse des Alltags! Stimmen, die sich gegenseitig ins Wort fallen, ja einander sogar überschreien, zornig wallendes Blut, das hungrige Mägen reizt und Streit entfacht. Kleine Verletzungen der Gleichberechtigung in der Liebe, der Ergebenheit, der Eitelkeit. Wie brav und bedeutungslos war das alles im Vergleich mit dieser Stille, die bald das Schrillen des Weckers zerreißen wird, der zum Aufbruch ohne Wiederkehr ruft.

Er starrt die Zeiger an, und sie scheinen stillzustehen. Aber er weiß, daß das nur so aussieht. Diese Zeiger bewegen sich in Wirklichkeit so heimlich, daß man ihrem Gang nicht folgen kann; dennoch rücken sie voran, häufen winzige Abstände zu Minuten, Minuten zu Stunden, jenem unerwünschten Ausgang entgegen, jenem Einbruch in die Zeit, der ihn aus diesem Schlupfwinkel reißen wird. Ist es möglich, daß dieser Augenblick kommt? Es ist unvorstellbar, daß er kommt, so fest sitzt der Mann zwischen seinen Sachen, in seiner Wohnung, bei seinen nächsten Angehörigen, die schlafen und die er schützen möchte, es ist unvorstellbar, daß ein Mensch, der mit aller Kraft seines Seins bleiben möchte, nur wegen des Vorrückens zweier scheinbar unbeweglicher Zeiger in einem voraussehbaren Moment auf das Bleiben verzichtet. Daß er es dennoch tun wird, mutet wahnsinnig an. Er wendet den Blick von der Uhr, deren großer Zeiger jetzt auf seiner Kreisbahn deutlich vorangekommen ist, ohne daß er bemerkt hätte, wann, und sieht sich im Zimmer um. Hier vor ihm ist die Couch mit der Vertiefung, die der Körper der Tochter im Verlauf der Jahre eingedrückt hat, jetzt nackt und ohne Bettzeug, weil sie diese Nacht des Entsetzens neben der Mutter im Schlafzimmer verbringt; hier der Schrank mit dem Geschirr, das nur benutzt wurde, wenn Besuch kam; hier das Regal mit den Büchern, die er, stolz auf ihre Weisheit und Bedeutung, gekauft und in denen er manchmal an müßigen, stillen Feiertagen geblättert hat; hier das Radio, aus dem Musik erklang, wenn sie abends vor dem Schlafengehen zusammensaßen; hier die Gardinen, die seine Frau genäht und mit viel Mühe aufgehängt hat. Es sind nicht nur Sachen, Gegenstände, nicht nur das Material und sein Wert, sondern Spuren und Ausrichtungen des Lebens, keineswegs zufällige Konturen einer Lebensform, die durch Notwendigkeit und Geschmack bestimmt wurde, das, was dem Menschen seinen Stempel aufdrückt und ihn von allen anderen Menschen auf der Welt unterscheidet.

Der Mann, der in der schlimmsten Nacht am Tisch sitzt, wird sich dessen jetzt zum ersten Mal bewußt. Er hat in seinem bisherigen Leben diese Dinge angehäuft, so wie er Augenblicke, Minuten, Tage anhäufte, ganz planlos von Notwendigkeit zu Notwendigkeit, von Anlaß zu Anlaß, und sich fast jedesmal über das gewundert, was er angeschafft und hingestellt hatte, so als hätte das ein anderer getan. Jetzt sieht er, daß diese Reihe scheinbar zusammenhangloser und zufälliger Anschaffungen, ebenso wie die Reihe all seiner Handlungen im Leben, einen festen und harmonischen Kreis bildet, in völliger, wenn auch verborgener Übereinstimmung mit ihm selbst, einer Übereinstimmung, die ihn sowohl irritierte als auch faszinierte, unzufrieden machte und durch Unzufriedenheit zu neuen Handlungen anstiftete. Aber dieser Kreis ist mit ihm verwachsen, ist er selbst. Ein ebenso unvollkommener wie verletzlicher Kreis. Die Deckenleuchte, deren Glühlampen nach oben zeigen statt zum Tisch, wo ihr Licht gebraucht wird, ein Mangel, den er erst nach dem Kauf festgestellt hat, verärgert und doch in dem Wissen, daß er die Leuchte selbst mit ausgesucht hat, wenn auch auf Veranlassung seiner Frau, die ihn fast gewaltsam in den Laden geschleppt hatte. Seine Frau, ein bißchen verschwenderisch, ein bißchen unvernünftig, wenn es darum ging, sich etwas Hübsches zu wünschen, in einem leichten Irrtum befangen über die Relation zwischen seinen Einkünften und ihren Gelüsten, überhaupt ein bißchen voreilig, nervös, mit ersten Anzeichen von Stoffwechselstörungen, weshalb sie auch schon in Behandlung war. Seine Tochter mit den kleinen Unregelmäßigkeiten ihres Alters; mit ihrer Rebellion gegen ihn und vor allem gegen die Mutter, die er durch besonnene Worte des Rats und der Mahnung dämpfen mußte; mit ihrem Hang zum Träumen, zu häufigen Kinobesuchen, zur Lektüre von Büchern, die ihrem Alter nicht angemessen und ihrer Bildung nicht förderlich, sondern abträglich waren; mit ihrer verfrühten Pubertät, der ersten Menstruation schon im dreizehnten Lebensjahr, gefolgt von komplizierten Zyklusstörungen, die erst vor kurzem durch Injektionen behoben worden waren, doch es fragte sich, ob auf Dauer. All das quält ihn, greift ihn an, beeinträchtigt seine Ruhe, aber nach all dem verlangt er zugleich Tag für Tag von der Stunde des Erwachens an, wie nach einem notwendigen, ersehnten Gegengewicht, mit dem er das füllen könnte, was sonst leer und ohne Sinn wäre, sein Leben. Jetzt soll das alles durcheinandergebracht, zerstört, ihm weggenommen werden, und nicht nur ihm, sondern der Welt, es soll verschwinden wie eine Seifenblase, als wäre es nicht ein in Jahren entstandenes dichtes Gewebe aus kleinen Zeiteinheiten, kleinen Dingen, aus dem besonderen Stoff, den Zellen, dem Ererbten, die in Jahrhunderten, seit dem Beginn des Lebens durch die Aneinanderreihung dieser scheinbar zufälligen Einzelheiten ihn, seine Angehörigen, seine Wirklichkeit geschaffen und geformt haben.

Ist es denn möglich, daß all das verschwindet? Dieses empfindliche, einzigartige, nur jetzt und hier und in dieser Struktur existierende Gewebe, das eine Realität, eine Präsenz verkörpert, ohne die diese Welt nicht so wäre, wie sie ist, ohne die sie für ihn gar nicht da wäre? Ja, eben darum geht es, daß die Welt für ihn aufhört zu bestehen – das ist das Ziel dieses verordneten Aufbruchs, gegen den jede Faser in ihm rebelliert. Aber jemand verlangt diesen Aufbruch, und obwohl es völlig sinnlos, völlig widernatürlich ist, macht er sich in dieser Nacht bereit, sich dieser Verordnung gegen den eigenen Willen, gegen den Willen seiner Nächsten, gegen Natur und Vernunft zu fügen. Ist das möglich? Wie ist das möglich? Wie ist es dazu gekommen, daß er, ein denkendes Wesen, sich einem fremden, bis zum Wahnsinn irrationalen Verlangen unterwirft? Der Mann hat sich diese

Frage schon wiederholt gestellt und beantwortet, er weiß, daß es zu dieser Übermacht der Unvernunft in seinem Verstand, in seinem Willen durch eine Reihe einzelner Ereignisse gekommen ist, die scheinbar ebenso zufällig sind wie jene, deren Urheber er selbst war, was bedeuten könnte, daß auch sie Ausdruck einer eigenständigen, aber der seinen entgegengesetzten Natur sind. Er hat ihre Gefährlichkeit nicht gleich durchschaut. Fremde Soldaten sind einmarschiert, mit hochmütigen, eisernen Gesichtern unter Helmen, Worte des Hasses wurden ihm entgegengeschleudert, Anordnungen erlassen, die ihn Schritt für Schritt seiner Rechte beraubten, ihn vom Dienst suspendierten, ihm Sonderabgaben auferlegten, ihn zu unbezahlter, sinnloser Arbeit unter der Aufsicht dummer, zum Haß erzogener Grünschnäbel zwangen, ihn auf die Liste der Entrechteten setzten. Er hat diese Repressionen ertragen, mit Wut, mit Erbitterung, mit Angst, mit innerem Aufruhr, aber er hat sie ertragen, weil sie nach und nach aufgetreten sind, so daß er sich an sie gewöhnen konnte, und weil sie, indem sie das Zentrum seines Lebens – eines elenden Lebens – besetzten, zu jenem Schein und Trug geworden sind, der den Eindruck erwecken sollte, sie wären das Leben selbst, das tatsächlich nur um sie herum stattfand, immer weiter von ihnen entfernt – und er hat nicht gesehen, daß sie in die Vernichtung, in diese Nacht führten. Oder er hat es gesehen und es sich selbst nicht wirklich eingestanden, weil er ohnehin nichts gegen sie tun konnte. Jetzt indes scheint ihm, daß er gegen sie etwas nicht nur hätte tun können, sondern tun müssen – jetzt, wo er das Ende erreicht hat, die letzte Grenze, die Grenze der Existenz. Jetzt sieht er, daß er durch seine Widersetzlichkeit nichts verloren hätte, da er auch ohne sie alles verlieren wird. Aber jetzt ist es zu spät, er hat alles mit sich machen lassen, bis zum Ende, bis zur Preisgabe des Lebens. Ist es wirklich zu spät? Der Mann lauscht wieder in die

Nacht, hört Schritte, die sich entfernen, er stellt sich vor, daß er, statt in dieser Muschel zu sitzen und auf ihren Schutz zu hoffen, ausbricht, auffliegt, über der Nacht schwebt, mit seinem Schrei der Verzweiflung und Rebellion die Stadt unter sich weckt, die Häuser mit ihren schlafenden Bewohnern. »Sie bringen mich um! Sie bringen uns um!« schreit er und wartet auf das Echo seines Schreis. Hört er etwas? Nein, die Stadt schläft, so wie auch er bis letzte Nacht geschlafen hat, erschöpft vom Ziegelschleppen und Gräbenschaufeln, wo er den Wintertag vom Morgengrauen an unter Beschimpfungen bis zum Abend verbracht hat, müde von den Drohungen, der Angst, glücklich, weil er sich noch einmal ins eigene Bett, in die Wärme seiner Frau, den reinen Duft vom Atem seiner Tochter verkriechen konnte. Auch heute nacht verkriecht sich jeder in seine Höhle, nur er wacht und mit ihm die anderen, die morgen auf immer weggehen müssen: niemand hört seinen Schrei außer ihnen, die ihn ebenso tonlos wie er ausstoßen; sie haben sich nicht rechtzeitig verabredet, ihre Schreie nicht vereinigt, niemanden aufgerufen, ihrer Stimme zu folgen und zu kämpfen, nun ist alles zu spät, die Illusion hat sie alle betäubt und verführt, und nach dieser Nacht wird es keine andere mehr geben, man wird sie abtransportieren, und ihre Schreie wird niemand mehr hören.

Er sitzt da und schaudert. Die Welt ohne sie? Er versucht, sich das vorzustellen. Dieses Haus leer oder bewohnt von anderen Menschen, die andere Worte sprechen, mit anderem Inhalt, anderer Betonung, anderer Stellung, anderem Sinn, die andere Kleidung tragen und andere Arbeiten tun. Werden die Wände das aushalten? Werden sie nicht unter dem fremden Widerhall einstürzen wie ein Gefäß unter einem Druck, dem es nicht gewachsen ist? Wird die Welt ihre Harmonie bewahren, auf der sie ruht, wenn die Verschwundenen nur Lücken hinterlassen? Nein, es wird nicht mehr dieselbe Welt sein, aber wird sie sich darum scheren? Man kann sie sich nicht vorstellen, sie wird öde sein wie eine verlassene Baustelle, wie ein Hangar, aus dem die Maschinen entfernt wurden und in dem sich Stille und Spinnweben einnisten. Oder wird sie nur in seinem Bewußtsein so aussehen, im Bewußtsein der Abtransportierten, solange sie und ihr Bewußtsein existieren, während sie für die anderen ein bewohnter und belebter Raum bleiben wird? Er macht sich entsetzt klar, daß es genau so sein wird, daß das Dasein derer, die man jetzt abführt, all ihre Arbeit, ihre Mühen, Taten, Worte, Berührungen mit anderen Menschen ausgerissen sein werden wie ein Zahn aus dem Kiefer, um nichts zu hinterlassen als eine Wunde, die schnell verheilt und eine neue, lebende, rosige Haut bildet. Das ist der Egoismus der Natur: das Tote zu verscharren und über ihm neues Leben zu erschaffen, nur daß hier der Tod durch Gewalt eintritt, durch eine Entscheidung, die widernatürlich ist.

Die Natur in ihm rebelliert. Warum? Er will das nicht! Er will nicht morgen aufbrechen, sich dem Spott ausliefern mit dem Rucksack auf dem Rücken wie ein närrischer Ausflügler, ein alter Ausflügler mit grauem Haar und Tränensäkken, begleitet von Frau und Tochter, die, ebenso lächerlich bepackt wie er, ihm geglaubt haben, als er sagte, daß sie gehen müssen. Es ist unmöglich, daß sie gehen müssen. Hier ist ihr Zuhause, ihre Sicherheit, hier sind ihre sorgsam in Jahren angesammelten Gegenstände, hier ist ihre Wohnung, für die er regelmäßig Miete bezahlt hat und die er demnach noch bis zum Ende des Monats nutzen kann. Da stimmt doch etwas nicht, denn wenn die eine Vorschrift von ihm verlangt, daß er diese Wohnung bezahlt, dann kann ihm nicht eine andere das Recht nehmen, darin zu verweilen. Der Mann fühlt, daß er den Verstand verliert, daß er sich in kleine Ungesetzlichkeiten verbeißt, nachdem das Recht schon längst gebeugt und verhöhnt ist, wie jeder weiß.

Auch er. Er weiß, daß er gehen muß, weil man sonst auf ihn und seine Angehörigen schießen wird. Er muß mit geschultertem Rucksack gehen, die Wohnung abschließen und die Schlüssel beim Hausmeister abliefern, für immer auf die Rückkehr, auf sein Heim verzichten. Weil er ein Heim nicht mehr brauchen wird. Weil sein künftiges Heim zwischen Stacheldrähten sein wird, in einer verlausten Baracke, weil man ihn dort durch Demütigungen und Hunger töten und dem Feuer zum Fraß hinwerfen wird. Warum also tut er das alles?

Er versucht noch einmal, einen Ausweg zu finden. Wenn er jetzt Frau und Tochter weckte, sie zwänge, sich anzuziehen, das Nötigste mitzunehmen und ihm in die Nacht zu folgen! Nicht mehr auf Befehl, sondern aus freiem Willen. Wie die Wölfe. Ins Dunkel schlüpfen. Sich von Haustor zu Haustor stehlen, von Straßenecke zu Straßenecke, die strenger bewachten Orte durchkriechen und endlich, vor Morgengrauen, die letzten Straßen der Stadt verlassen. In die Felder. Sich im nächsten Wäldchen verbergen. Im Versteck die folgende Nacht abwarten und den Weg fortsetzen. Bis in eine einsame Gegend, wo es keine Menschen gibt, keine Gesetze, keine Vorschriften, nur die Natur und sie drei, wo sie, dem Tod und seiner Bedrohung entronnen, endlich aufatmen und einander umarmen werden.

Das Bild fasziniert ihn, er steht auf, geht taumelnd in Richtung Schlafzimmer. Er stößt an einen Stuhl, kann ihn in letzter Sekunde festhalten, damit er nicht krachend umfällt und die Stille zerreißt. Das läßt ihn innehalten. Weshalb kümmert ihn die Stille, die er doch gerade unterbrechen will? Das ist merkwürdig, seine ganze Idee wird ihm verdächtig. Er schleicht auf Zehenspitzen weiter zur Schlafzimmertür und blickt durch den Spalt.

Die Tür steht zwei Handbreit offen, und aus dem Wohnzimmer dringt soviel Licht in den Korridor, wo sich der

Mann befindet, daß er sich orientieren kann. Er sieht einen Ausschnitt des Schlafzimmers mit den beiden Kopfkissen. Auf dem einen seine Frau, auf dem anderen die Tochter. Die Frau liegt auf dem Rücken, wie immer bei dieser Schlafstellung steht ihr Mund ein wenig offen, und bei genauem Hinhören vernimmt man das leichte Pfeifen ihres Atems. Sie schläft tief, weil sie ein Pulver genommen hat, der Mann weiß es und überzeugt sich noch einmal davon durch einen Blick auf das Nachtschränkchen, wo statt des Weckers ein halbvolles Glas mit Wasser funkelt. Die Tochter indes liegt auf der Seite, den Kopf tief zum mütterlichen Schoß geneigt, so daß über der Steppdecke nur ihr dunkles, glänzendes Haar und ein dünner weißer Arm zu sehen sind. Er kann sich vorstellen, wie, mit welch schweren Gedanken, sie eingeschlafen sind, er glaubt ihre Träume zu kennen. Es sind böse Träume, Angstträume, in denen, er weiß es, nur seine vielleicht bis zur Unkenntlichkeit veränderte Gestalt als Beschützer vor dem Übel erscheint. Und jetzt will er sie aus ihrer vielleicht schmerzlichen Entrückung reißen, in die Wirklichkeit einer planlosen Flucht. Wie kann er ihnen das so schnell erklären? Wie sie dazu bringen, daß sie bereitwillig aufstehen und mit ihm in die Nacht hinausgehen, wo Gendarmen, Patrouillen, Fallen auf sie lauern? Wie ihnen in ein paar Augenblicken der Schlaftrunkenheit verständlich machen, was es heißt, geduckt und lautlos zu laufen, sich zu tarnen, die spähenden Blicke, Ferngläser, Scheinwerfer zu täuschen? Wie ihre weichen, vom Schlummer noch warmen Körper der Kälte und Schutzlosigkeit aussetzen, spitzen Steinen, stacheligem Gesträuch, womöglich einer Gewehrkugel oder, wenn ihre Flucht scheitert, wenn sie ergriffen werden, Schlägen, Gewehrkolben, Schimpfworten, vielleicht der Vergewaltigung irgendwo auf freiem Feld, unter dem Mantel der Dunkelheit, jenseits jeder Kontrolle durch das Gesetz? Auf nichts davon sind sie vorbereitet, er selbst hat jeden Gedanken an Grausamkeiten von ihnen ferngehalten, er selbst hat die Bedrohung heruntergespielt, über die eigenen Wunden, die eigene Verzweiflung nicht gesprochen, sich bemüht, bei allem Leid, das ihn auch für sie sichtbar bedrückte, selbstbewußt zu wirken. »Das hat nichts zu bedeuten«, hat er zu ihnen gesagt, »das geht vorüber.« Und: »Die Gesetzlosigkeit kann nicht ewig dauern, wir werden überleben.« Er hat sie in Sicherheit gewiegt wie sich selbst beziehungsweise noch mehr, denn sich selbst hat er insgeheim die Wahrheit gestanden, während er sie ihnen durch sein vorgetäuschtes Vertrauen verschleierte. Vertrauen in den unausweichlichen Sieg von Recht und Gesetz, wogegen sie sich jetzt im Nu anziehen müßten, um Recht und Gesetz selbst zu erkämpfen, auf dem Bauch durch die Nacht kriechend, mit angehaltenem Atem, gefletschten Zähnen, bereit, Erde zu essen und in lebende Kehlen zu beißen, um sich zu verteidigen. Wie Wölfinnen. Aber sie sind keine Wölfinnen, sie sind zwei weiche, verletzliche, gefügige und sittsame Frauen, deren Ausschweifungen sich auf den leichtsinnigen Umgang mit Geld und müßige Träumereien beschränken. So hat er sie erzogen, so hat er es gewollt, denn das hat man ihn selbst gelehrt, das ist die Wesensart eines Menschen wie er, der, scheinbar zufällig, nicht nur das Eigentum an einer Reihe von Gegenständen erworben, sondern auch bestimmte Verhaltensweisen und Gewohnheiten ausgebildet hat und eine warme und weiche, gefühlvolle, tugendhafte, rücksichtsvolle und verschlossene Frau an seiner Seite wünscht, keine Wölfin.

Aber wenn sie nicht zu Wölfinnen werden, wird man sie morgen wie Wölfinnen behandeln. Man wird sie in der Kälte nackt ausziehen, Finger in ihre Genitalien bohren, ihnen ihre Kleider wegnehmen und sie in Lumpen hüllen, sie in Holzbaracken sperren, wo sie in ihrem Schweiß und Schmutz übereinanderliegen müssen, man wird sie ihrer

Weiblichkeit berauben oder diese mißbrauchen, man wird seine Frau vor einen Karren spannen und Lasten ziehen lassen, bis sie unter der Knute zusammenbricht, und über seine Tochter, die noch von keinem Manne weiß, noch nicht einmal einen geküßt hat, werden sich in den öffentlichen Häusern stämmige Soldaten hermachen, als Prämie vor dem Abmarsch an die Front.

Kann er das zulassen? Kann das irgendein Vater zulassen? Kann er sie nach all den Illusionen, die er in ihnen erweckt hat, um ihnen die Angst zu nehmen, in die Hoffnungslosigkeit, die Unmenschlichkeit stoßen? Nein, nein, dann lieber in den Tod, der sie nach den Leiden ohnehin erwartet. Besser, er tut es jetzt, als daß sie später nach unerträglichen Qualen sterben. Auch das ist eine Flucht, er weiß es jetzt, die einzige wahre, sichere, absolute Flucht: er wählt den tatsächlichen Selbstmord anstelle des mittelbaren, auf den er sich bis eben eingerichtet hat. Er denkt also über Mittel und Wege nach. Im Haus gibt es keine Pistole: der Waffenbesitz ist ihm seit langem verboten; Gift könnte er den beiden nur in wachem Zustand verabreichen, was weder sie noch er ertragen würden. Er zieht sich in den Korridor bis zur Küche zurück. Hier dringt durch die Musselinvorhänge des ladenlosen Fensters schon das erste Morgengrauen, so daß er kein künstliches Licht benötigt. Im Halbdunkel, das die Ecken des Raumes verbirgt und sich erst zur Mitte des Raums hin etwas aufhellt, erkennt er die drei riesigen, schweren Rucksäcke auf drei aneinandergerückten Stühlen. Sie drei in halber Körpergröße, reduziert auf eine Last, ohne Kopf, drei unter Gewicht und Leid gebeugte Rücken. Die Rucksäcke sind oben noch nicht zugeschnürt, ihre Münder klaffen formlos, und da der Mann am Abend, nachdem er alle Anweisungen gegeben hatte, sich nicht bis zum Ende am Packen beteiligte, weil er nicht das Herz hatte, den beiden Frauen zuzusehen, die unter Verzicht auf das Erforderliche das Lebensnotwendige verstauten, fragt er sich jetzt, wieso das alles nicht fertig ist. Dann begreift er: auf dem Tisch liegen noch einige Päckchen. Er nähert sich ihnen, statt zu der Schublade mit den Messern zu gehen, wie er es beabsichtigt hat; er öffnet eines und erkennt im blassen Licht rosa Aufschnittscheiben. Im zweiten ist ein Viertel Butter. Im dritten Käseecken. Lauter wärmeempfindliche und verderbliche Lebensmittel, die seine Frau offenbar erst am Morgen vor dem Aufbruch in die Rucksäcke stecken will, damit sie länger genießbar bleiben. Dieser Beweis der Sorge um die Erhaltung des Lebens entwaffnet ihn jetzt, bevor er selbst eine Waffe gefunden hat. Er läßt sich auf einen freien Stuhl fallen, schlägt die Hände vors Gesicht und beginnt zu schluchzen. Wie soll er als Vater und Ehemann mit diesen zitternden und tränennassen Händen dem Leben der beiden in Schreien und Blut ein Ende setzen? In seiner Vorstellung blitzt dennoch wie der Wunsch eines anderen das Bild eines Dolches auf, den er über ihren schlafenden Köpfen schwingt, um ihn danach in ihre Kehlen zu stoßen, so daß sie sich in Schmerzen winden und nur allmählich zur Ruhe kommen. Er schüttelt den Kopf wie jemand, den man aus dem Fluß gezogen und vor dem Ertrinken gerettet hat. Ja, genau das müßte er tun. Doch da beginnt etwas zu schrillen, er springt auf, begreift, daß es der Wecker ist. Es ist zu spät für jeden eitlen, unnatürlichen Beschluß; sie werden erwachen, aufstehen und sich anziehen, um alle drei aufzubrechen, hinaus aus dieser alptraumhaften, schlimmsten Nacht, geradewegs in den schlimmsten Tag, die schlimmsten Tage.

Die Wohnung

In einem für den dringendsten Nachkriegsbedarf errichteten, staatlich verwalteten Haus hatten sie zu viert eine Zweizimmerwohnung mit Küche, Speisekammer und Bad. Čaković hielt das für ausreichend; die Bescheidenheit seines Domizils verschaffte ihm sogar eine doppelte Genugtuung: Er war froh, daß er nur wenig Miete bezahlte und die Summe all denen vorhalten konnte, die ihm neidisch ein hohes Einkommen unterstellten, und die Enge der Verhältnisse gab ihm das stolze Gefühl der Selbstverleugnung. Als jedoch die Kinder größer wurden – die Tochter war im sechzehnten Lebensjahr, der Sohn im dreizehnten –, wies seine Frau mit Recht darauf hin, daß sie nicht mehr wie bisher im selben, nach wie vor Kinderzimmer genannten Raum wohnen und schlafen konnten. Einen Ausweg fanden sie in einer Neuverteilung: Frau Čaković und die Tochter Jasna bezogen das hintere Zimmer neben dem Bad, während Čaković und der kleine Milan das vordere, an den Flur angrenzende, bekamen. Diese neue Ordnung brachte die sexuellen Kontakte zwischen den Eheleuten fast völlig zum Erliegen, was beide jedoch nicht sehr bedauerten, da sie sich seit langem nicht mehr verstanden. Die Trennung führte anfangs sogar zu gewissen Erleichterungen für das Familienleben, denn Frau Čaković konnte sich jetzt, ungestört durch die nörgelnde Einmischung ihres Mannes, der Pflege der kränklichen Tochter widmen, und Čaković hatte, seit er sich in rein männlicher Gesellschaft befand, freudig die Maske väterlicher Besorgnis und Unzufriedenheit abgeschüttelt. Wenn schon die Tochter mißraten war, meinte er, dann sollte wenigstens der Sohn an seiner Seite unter gesünderen und härteren Bedingungen aufwachsen, wie sie sich für einen Mann geziemten.

Aber auch der Sohn enttäuschte ihn bald. Milan, der mittelgroß war wie er selbst, ein dunkler Typ mit kleinem, schmalem Gesicht, konnte stundenlang auf der Couch liegen und, den Zeigefinger im Mundwinkel, eine montone Melodie vor sich hin summen, um plötzlich hochzuspringen und auf die Straße zu stürmen, von wo wenig später ein vielstimmiges Geschrei verkündete, daß eine Prügelei im Gange war. Čaković versuchte mäßigend auf ihn einzuwirken und ihn zu Beständigkeit und Fleiß anzuhalten, er kontrollierte seine Lehrbücher und Hefte, verlangte, daß ihn der Gymnasiast über seine Hausaufgaben informierte und sie sofort nach dem Mittagessen erledigte, aber der Sohn reagierte mit Widerstand und schlauen Ausreden. Da verlor er die Geduld, und anstatt ihm wie bisher gütig zuzureden, begann er zu toben und zu schreien, wodurch er den Jungen noch mehr abstieß, so daß sie nach ein, zwei Monaten der Zimmergemeinschaft kaum noch miteinander sprachen, um nicht in Streit zu geraten. Čaković mied allmählich sein Heim. Sobald der Sohn das Zimmer betrat und sich auf seine Couch fallen ließ, erhob er sich mit beleidigter Miene von der seinigen, zog sich an und ging in die Stadt, um die Zeit totzuschlagen. Richtige Zerstreuungen hatte er nicht: Seit er vor sechs Jahren aus der Finanzinspektion der Provinz in die Direktion für Hanfanbau versetzt worden war, hatte er nicht nur fast nichts zu tun, sondern auch keine Freunde.

Diese Versetzung nämlich war im Grunde eine Degradierung gewesen, um so schmerzlicher, als sie nicht die erste war und nicht die erste, die er als ungerecht empfand. Čaković hatte gleich nach dem Krieg zu arbeiten begonnen, war aus der Partisanenabteilung der Bačka direkt ins Bezirkskomitee der Partei übernommen worden und dort für die Landwirtschaft zuständig gewesen. Er zeigte beispielhafte Entschlossenheit und Beharrlichkeit beim Eintreiben der Abgaben, als die wohlhabenden Bauern der Bačka dazu gebracht werden mußten, zugunsten der hungernden Karstgebiete nicht nur auf ihre Vorräte, sondern auch auf das tägliche Brot zu verzichten; danach beteiligte er sich mit dem gleichen Eifer an der Kampagne zur Kollektivierung des Bodens. Etwas Entsetzliches geschah: Sein Vater, Milan Čaković senior, dem er bei der Ankunft im heimatlichen Dorf als erstem gedroht hatte, ihn persönlich zu erschießen, falls er sein Land nicht an die Genossenschaft abtrete, erhängte sich am Abend desselben Tages in seinem Obstgarten. Der Vorfall forderte den Protest der ganzen Umgebung heraus, der vielleicht hätte vertuscht werden können, wäre man nicht an der Spitze des Staates zu dem Entschluß gekommen, die ganze Aktion abzubrechen, weil sie nur Unzufriedenheit erzeugte: Čaković wurde als einer der Schuldigen an den Übertreibungen – wenn auch schuldig durch Befehlsnotstand – aus dem Komitee entfernt. Er wurde Beamter. Aber da feststand, daß er nicht das Opfer eigenen Ungehorsams, sondern einer Wendung in der Politik geworden war, bekam er die Möglichkeit, sich zu bewähren. Aus dem fleißigen und ergebenen Steuereintreiber wurde ein Finanzinspektor mit Vollmachten und der Aufgabe, die Geldgeschäfte der Betriebe an Ort und Stelle zu kontrollieren. Er war viel unterwegs, und das gefiel ihm, denn das Reisen gab ihm ein Gefühl der Vitalität und des Vorankommens, und außerdem war, seit die Tochter kränkelte und die Frau ihre Arbeit aufgegeben hatte, zu Hause kaum noch Platz für ihn. Je mehr sich jedoch die staatlichen Institutionen festigten und normalisierten, desto größeren Wert legte man auf das Fachwissen der Mitarbeiter, und das besaß Čaković eigentlich nicht, da er nur das Gymnasium absolviert hatte. Als Inspektoren wurden jetzt Juristen und Wirtschaftswissenschaftler eingesetzt; Čaković wurde mehr und mehr zum Ausnahmefall, dem man den Mangel an Ausbildung nur wegen seiner langjährigen Praxis verzieh. Es half nichts, daß er dank seiner Erfahrung, die ihn jede Ordnungswidrigkeit sozusagen riechen ließ, und seiner Unermüdlichkeit bei derselben Anzahl von Besuchen vor Ort mehr Ergebnisse vorweisen konnte als irgendeiner der akademisch gebildeten Inspektoren; man legte ihm nahe, den Dienst zu wechseln, und da ihm die Stellung in der Direktion für Hanfanbau als erstes angeboten wurde, nahm er sie, beleidigt und trotzig, sofort an.

Diese Stellung widerstrebte ihm, nicht nur wegen der bereits erwähnten Degradierung, sondern weil sie ihn lähmte und nicht mehr war als ein Almosen. Die Arbeit war leicht und so bedeutungslos wie diese ganze Behörde zur Aufsicht über die paar Dutzend Hanfanbaubetriebe in der Bačka, die auch ohne sie mit Hilfe der Aufkaufstationen in den Dörfern sehr erfolgreich funktionierten. Man brauchte sie nur zu beaufsichtigen, und da das beinahe überflüssig war, spielte die Zahl des Personals keine Rolle, so daß die Direktion im Lauf der Jahre mal hier, mal dort einen arbeitslosen Beamten auflas, bis sie siebenundzwanzig waren. Sie saßen in einem einstöckigen Gebäude an der Kreuzung dreier Straßen wie in einem Gutshaus, dessen riesige, hohe Zimmer von den Schritten widerhallten, unter denen sich der Fußboden bog; sie trugen Akten hin und her, welche die Produktions- und Verkaufsergebnisse der Hanfbauern vermerkten, und trafen sich einmal wöchentlich im größten Raum der Buchhaltung, um dem Direktor Jovan Turinski, der Handelsattaché in Bukarest gewesen, aber wegen Alkoholismus aus dem diplomatischen Dienst geschieden war, über ihre Arbeit Rechenschaft zu geben. Alle wußten, daß das eigentlich keine Tätigkeit, sondern Untätigkeit war, aber sie flochten diese Erkenntnis nur vorsichtig in ihre gelegentlichen Witze ein, ansonsten stöhnten sie über ihr schweres Angestelltenschicksal, das sie zwang, tagtäglich acht Stunden abzusitzen, und sehnten sich nach der Pensionierung.

Čaković als Mann der Aktion und Kämpfer für den Fortschritt sträubte sich gegen diese nagende, sich selbst bemitleidende Heuchelei, aber da er in seinem Widerstand allein war und sich nicht auf erwähnenswerte Verpflichtungen stützen konnte, spürte er, daß ihn der Geist des Hauses mehr und mehr betäubte und entwaffnete. Wenn er an seinem Tisch mit den Berichten saß, die er zu studieren hatte, um sich durch ihre Kenntnis bei der nächsten Sitzung vor dem verkaterten Direktor Geltung zu verschaffen, hob er unwillkürlich immer öfter den Blick und schaute aus dem Fenster in den ungepflegten, von Wildwuchs überwucherten Garten, wo seine Kollegen auf dem Weg vom Waschraum Zigarettenpausen einlegten und schwatzten. Da fragte er sich, wozu er fast drei Jahrzehnte der Ergebenheit und Mühe aufgewendet hatte, wenn sie in einer derart dummen Isolierung enden sollten. Er mußte an seinen Vater denken, der damals so alt war wie er heute und wie er in die Isolierung gedrängt, nur daß es die Isolierung des landbesitzenden Bauern war; er sah die schreckliche Szene vor sich, als er mit gezogenem Revolver und zähneknirschend zu ihm gesagt hatte: »Entweder gibst du dein Land der Genossenschaft, oder ich erschieße dich mit dieser Waffe«, und die Szene am Tag darauf, als er den Alten mit gedunsenem Gesicht am Boden der Kammer hatte liegen sehen, und er begriff, daß er damals unverzeihlich grausam gehandelt hatte, indem er von einem anderen eine Wandlung verlangte, wie er selbst sie jetzt nicht vollziehen konnte. In Augenblicken des Selbstmitleids begann nun auch er seine Pensionierung herbeizusehnen, zumal ein neues Gesetz es ehemaligen Partisanen ermöglichte, vorzeitig mit denselben Ansprüchen in den Ruhestand zu treten, als wenn sie die Dienstjahre erfüllt hätten, nur damit sie den Höherqualifizierten Platz machten. Čaković durchschaute diese demütigenden Gründe, er wehrte sich dagegen, zugleich aber reizte es ihn, ein für allemal die Folter des Müßiggangs loszuwerden, wenn auch durch Abtauchen ins totale, freilich legalisierte und nicht heuchlerisch kaschierte Nichtstum.

Dabei spürte er, daß er noch nützlich sein konnte, sein Körper war kräftig, belastbar; und Čaković beneidete die Leiter der Hanfanbaubetriebe, die gelegentlich in der Direktion vorsprachen: in schlammbespritzten Stiefeln und Joppen, mit dem Geruch nach Schweiß und Wind, laut und selbstsicher im Bewußtsein ihrer Verantwortung. Als einer von ihnen bei einem Verkehrsunfall starb und somit seine Stelle im nahegelegenen Dorf Gložan unerwartet frei wurde, beschloß Čaković sofort, seine Versetzung dorthin zu beantragen, und er verbrachte eine schlaflose Nacht in der Vorfreude nicht nur auf Arbeit, Bewegung, Handlungsfreiheit, sondern auch auf die Möglichkeit, mit einer plausiblen Begründung sein von Mißerfolgen heimgesuchtes Heim zu verlassen. Tags darauf ging er zu Turinski und teilte ihm seine Absicht mit. Dieser staunte: »Wollen Sie denn nicht in Pension gehen? Und das neue Gesetz?« Čaković antwortete, er wolle keinen Gebrauch davon machen. »Aber darum geht es doch nicht, Branko«, sagte Turinski mit hölzernem Lächeln und sah Čaković aus verschleierten Augen an, »es geht nicht darum, von einem Gesetz Gebrauch zu machen, sondern darum, danach zu handeln, denn dazu wurde es ja erlassen.« – »Werden Sie denn danach handeln, Genosse Turinski?« fragte Čaković giftig. Auf diese Herausforderung lachte Turinski, aber schlaff und mit schiefem Mund. »Natürlich, wenn ich von den Genossen den Auftrag bekomme.« Dann nahmen sein feistes Gesicht und sein stumpfer Blick einen niederträchtigen Ausdruck an. »Sie sollten nicht vergessen, daß ich immerhin Ökonomie studiert habe, im Gegensatz zu Ihnen.« Wortlos stand Čaković auf und verließ das Zimmer, und schon am nächsten Tag stellte er seine Unterlagen zusammen und beantragte, unverzüglich pensioniert zu werden.

Zu Hause sprach er mit niemandem über seine Entscheidung, doch sie mußte wohl irgendwie in den engen Räumen spürbar sein, denn eben in diesen Tagen wiederholte Frau Čaković ihre Forderungen nach einer größeren Wohnung. »Siehst du nicht, wie Jasnica leidet?« fragte sie mit einer hilflosen Trauer, die ihn reizte und entwaffnete. »Das Kind hat ständig Schmerzen, sieh das doch ein. Sie quält sich. Und wenn sie dir das nicht selbst sagt, dann nur, weil sie weiß, daß sie weder Hilfe noch Mitgefühl von dir erwarten kann. Aber ich bin ihre Mutter, mir sagt sie alles.« Er senkte den Kopf und dachte, dies sei nur die übliche Szene, die sie ihm regelmäßig machte, um sich dafür zu rächen, daß er ihrer Meinung nach zu wenig für die Tochter empfand. Und diesmal beließ sie es nicht dabei. »Das Kind braucht ein Zimmer für sich, verstehst du, es geht nicht mehr, daß ich mich bei ihr breitmache und ihr die Luft zum Atmen nehme.« – »Warum?« Er hob den Kopf in der Absicht, ihr darzulegen, daß niemand das Recht auf ein Zimmer für sich habe. »Warum?« kreischte die Frau und näherte sich mit flammenden Augen und vorgestreckter Hand. »Haben dir schon einmal alle Gelenke geschmerzt? Hat es dich schon mal am ganzen Körper gezwickt?« Mit aneinandergepreßtem Daumen und Zeigefinger vollführte sie dicht vor seinen Augen die Gebärde des Zwickens. »Die Ärztin hat es mir gestern abend nach der Untersuchung selbst gesagt. Ihre Tochter ist eine Märtyrerin, hat sie gesagt, sie leidet Tag und Nacht, in jedem Augenblick. Sie müssen alles tun, was in Ihrer Macht steht, um ihr das Leben zu erleichtern.« – »Und?« Čaković duckte sich, als würde er bereits selbst gemartert. »Und darum mußt du dich um eine größere Wohnung kümmern. Ich habe dich so oft darum gebeten. Wenn sie schon Schmerzen leidet, muß sie wenigstens ihre Ruhe haben und für sich allein sein. Auch ohne die Krankheit hätte sie ein Recht darauf, denn sie ist erwachsen. Aber sie in diesem Zustand derart einzupferchen ist ein Verbrechen.«

Er versprach nichts, war sogar im ersten Moment entschlossen, ihre Forderung ebenso zu überhören wie die bisherigen, doch die Heftigkeit der Szene hinterließ einen Stachel in ihm. Nie war ihm seine sonst so demütige Frau derart aggressiv gegenübergetreten, nie waren sie so nahe an einer tätlichen Auseinandersetzung gewesen. Er war außer sich vor Wut, er hätte sie mit der flachen Hand ins Gesicht geschlagen, wäre sie nur einen Schritt näher gekommen und hätte ihn mit ihren aneinandergepreßten Fingernägeln berührt; zugleich aber hatte er Angst, sich so die Zügel schießen zu lassen. Damit wären alle Hürden niedergerissen worden. Und hinter diesen Hürden, den Hürden des Schweigens, befand sich etwas, was er nicht wahrhaben wollte, aber eigentlich wußte: die Schmerzattacken und Fieberanfälle seiner Tochter, das nächtliche Rumoren in ihrem Zimmer, das er im Halbschlaf hörte, das Plätschern von Wasser, das ängstlich geflüsterte »Gleich, gleich« seiner Frau, die hastig Schubladen aufriß, das unterdrückte Stöhnen des Kindes. An dessen Krankheit er angeblich schuld war.

Angeblich. Denn es war möglich, daß Jasna sie auch so bekommen hätte. Daß es sich um ein Verhängnis handelte, wie es jeden treffen konnte. Tatsächlich war es so, daß Jasna im Alter von fünf Jahren eines Morgens, als sie wie gewöhnlich zusammen mit ihrem Bruder in den Kindergarten gebracht werden sollte, nicht hatte aufstehen wollen. »Mein Bein tut weh«, klagte sie und hob den Kopf mit dem zerzausten blonden Haar vom Kissen. Die Mutter wollte es genau wissen, schlug die Decke zurück und strich mit der Hand über Jasnas Unterschenkel bis zum Fußgelenk, wo sie etwas fester zupackte und damit einen Schmerzensschrei auslöste. Sie kam in das – damals noch gemeinsame – Zimmer zu ihrem Mann, der sich gerade für den Aufbruch zur Arbeit – damals noch in der Finanzinspektion – fertigmachte, und brachte ihm die traurige Nachricht. »Ob ich sie im Bett liegen lasse und bei ihr bleibe?« fragte sie bittend, damals noch ganz im Bann seiner strengen Pflichtauffassung. »Bei ihr bleiben? Wozu? Sie kann selbst auf sich aufpassen«, wandte er ein. – »Vielleicht muß sie wegen irgendwas aufstehen, und so im Nachthemd kann sie sich schnell erkälten.«

Es war Anfang Oktober, sie heizten die Zimmer morgens noch nicht, sondern erst mittags, wenn sie von der Arbeit kamen, und er sah ein, daß sie recht hatte. Aber der Gedanke, daß seine Frau unter dem Vorwand, ihr Kind betreuen zu müssen, den ganzen Vormittag damit verbringen würde, dieses Kind zu verwöhnen, während er ausführlich ihrer Schule die Gründe für ihr Fernbleiben erläutern und um eine Vertretung bitten müßte – die Komplexität dieser plötzlich vor ihm liegenden Aufgabe veranlaßte ihn, sich ihrer grob zu entledigen. »Daraus wird nichts. Hol die junge Dame aus dem Bett, zieh sie an, und dann ab mit ihr in den Kindergarten. Das ist alles bloß Theater.« Die Frau gehorchte widerwillig, aber stumm, er floh aus der Wohnung, um ihren Streit mit der Tochter nicht anhören zu müssen, und als er von der Arbeit kam, hatte die Kleine bereits Fieber und konnte nicht mehr aufstehen. Sie riefen den Arzt, der eine Gelenkentzündung feststellte. Jasna bekam Tabletten, später Spritzen, aber sie wurde nie richtig geheilt; ihr Entwicklungsprozeß wurde immer wieder aufgehalten und zurückgeworfen durch neue Entzündungen, die sie wochenlang ans Bett fesselten, so daß die Mutter, nachdem sie alle Möglichkeiten der Arbeitsbefreiung und der Vertretung durch andere Kollegen ausgeschöpft hatte, schließlich dem Drängen der Schulverwaltung nachgab und kündigte, um sich ganz der Krankenpflege zu widmen, was sie noch enger an die Tochter band und dem Einfluß des Mannes entzog.

Jetzt wurde von ihm verlangt, daß er einen weiteren Schritt zurückwich, und er zögerte. Er ängstigte sich vor diesem Schritt, vor all diesen ermüdenden bürokratischen Einzelheiten, die mit der Suche nach einer neuen, größeren Wohnung verbunden waren und von denen er keine Ahnung hatte, da er sein Leben lang nie etwas von den Behörden erbeten hatte und einfach zu stolz war, vor ihnen seine Bedürfnisse offenzulegen. Zugleich schreckte er zurück vor neuen familiären Auseinandersetzungen, die sich, er fühlte es, in der dicken Luft der Wohnung vorbereiteten. Deshalb mochte er sie kaum noch betreten, und dieses Unbehagen veränderte das Bild, das er bisher von dieser Wohnung gehabt hatte: von giftigen Dämpfen gesättigt, erschien sie ihm jetzt ebenso eng und unbehaglich, wie sie von seiner Frau empfunden und beschrieben wurde. Er musterte verstohlen seine Tochter: blond und füllig, hübsch, aber gedunsen von den Medikamenten und ohne die Frische der Wangen, die einzig von der Bewegung im Freien herkommt, wirkte sie tatsächlich krank. Obwohl sie inzwischen siebzehn Jahre alt war, hatte sie keinen Freund; Čaković ahnte, daß das nicht nur an den körperlichen Unpäßlichkeiten und der Stubenhockerei lag, sondern auch an den ihm rätselhaften Vorschriften für Kleidung und Hygiene, die Jasna wohl auf Anraten der Mutter befolgte; ganz offensichtlich stand ihr eine ewige Jungfernschaft bevor. Bei Eltern, die eines Tages alt und pflegebedürftig sein würden, und mit einem Bruder, der keinerlei Verständnis aufbrachte und selbst nur immer anspruchsvoller und unbequemer zu werden drohte. Čaković sah sich in seiner neuen Einsicht bestärkt durch äußere Faktoren, die nur ihm bekannt waren: seine baldige Pensionierung und die häufigen personellen Veränderungen in der Stadt, Veränderungen, die er bereits am eigenen Leib verspürt hatte und deren Folgen er sich wie alle gebrannten Kinder nicht mehr aussetzen wollte. Vorerst war er als einer der Chefs in der Direktion für Hanfanbau noch jemand, in den man trotz der Fadenscheinigkeit seiner Position noch etwas investieren konnte und mußte, was nicht mehr der Fall sein würde, sobald er im anonymen Meer der Pensionäre untertauchte; auf dieselbe Weise würden seine langjährigen Verdienste in Vergessenheit geraten, sobald die Leute, die sich dieser Verdienste noch erinnerten, ihre einflußreichen Positionen verloren.

Hier dachte er vor allem an den Vorsitzenden der Stadtverwaltung, dessen Mandat schon mehrere Jahre andauerte und sich demnach möglicherweise dem Ende näherte: Stanoje Milin, der jüngere Bruder von Gruja Milin, einem Kampfgefährten von Čaković aus der Jugendzeit. Der Vorsitzende Stanoje war im Gegensatz zu seinem Bruder nicht an der Widerstandsbewegung beteiligt gewesen, weil er einfach zu jung war, aber da er als Abkömmling einer Familie von Kämpfern politische Karriere gemacht hatte, hoffte Čaković am ehesten auf seine Hilfe. Dennoch ging er einer weiteren Auseinandersetzung mit seiner Frau nicht aus dem Wege, er forderte sie sogar selbst heraus, weil er sich vergewissern wollte, ob es tatsächlich nötig war, den demütigenden Schritt zu unternehmen, und weil er beweisen wollte, daß er nicht widerspruchslos nachzugeben gedachte. »Wie geht es Jasnica jetzt?« fragte er sie eines Nachmittags, als sie ausnahmsweise allein in der Wohnung waren und die Stimmung, nach einem guten Mittagessen, weniger kriegerisch als sonst zu sein schien. Und in der Tat antwortete die Frau ganz ruhig, allerdings sehr ausführlich, sie legte ihm Jasnas letzte Befunde vor und schilderte detailliert ihre Beschwerden. Schließlich unterbrach er sie: »Ja, ja, ich verstehe. Übrigens will ich in den nächsten Tagen zur Stadtverwaltung gehen und fragen, ob sie mir eine größere Wohnung geben können.« Und als er den dankbaren, fast gerührten Ausdruck im Gesicht seiner Frau sah, hielt er es für angebracht, sie auch gleich über seinen anderen, bisher geheimgehaltenen Entschluß zu informieren: »Sobald wir das geklärt haben, beantrage ich meine Pensionierung. Das ist jetzt günstig, weil uns die Jahre im Widerstand angerechnet werden. Außerdem habe ich das Nichtstun in dieser dummen Direktion satt.«

Zur Stadtverwaltung ging er an einem Vormittag während der Frühstückspause und traf im Vorzimmer des Chefs eine junge, langhaarige Sekretärin an, die Zeitungen an ein paar geschwätzige Beamten austeilte. Er wirkte so seriös, daß sie seine Ankunft sofort telefonisch meldete, und nachdem einige Männer mit Aktendeckeln das Zimmer nebenan durch die hohe, gepolsterte Tür verlassen hatten, wurde er hereingebeten. Den Vorsitzenden Milin, der ihn stehend empfing, kannte er vom Sehen und von vielen Fotos in der Zeitung: Er war untersetzt, gepflegt, mit geschürzten Lippen und heruntergezogenen Mundwinkeln wie der verstorbene Gruja, mit dunklem, kaum ergrautem Haar, das er seit kurzem im Nacken lang herunterhängen ließ und über den Ohren zu Locken kämmte. Auch sein Büro war gepflegt: tiefe Sessel, schwere graue Vorhänge an den Fenstern, eine Kristallvase voller Blumen und ein Aschenbecher aus einem orangefarbenen Stein. Čaković, der sich immer bemüht hatte, in den äußeren Attributen seiner Macht bescheiden zu sein, auch als er sie wirklich hatte, betrachtete diese Dinge mit einer gewissen Reserve und ließ sich etwas steif in dem Sessel nieder, der ihm angeboten wurde. Aber der Vorsitzende duzte ihn gleich, obwohl sie einander nie persönlich kennengelernt hatten, und griff zum Telefonhörer, um Kaffee zu bestellen; dann legte er die Hände schlaff auf die Sessellehnen, wo sich seine Finger wohlig spreizten und den Plüsch streichelten, und forderte Čaković auf, den Grund seines Besuchs zu nennen. Čaković tat es, unterbrach sich nur für einen Moment, als die gewandte und hübsche Serviererin in blauer Seidenschürze den Kaffee brachte; bei seinen Worten verdüsterte sich Milin um eine Nuance, und als seine Rede beendet war, fuhr er sich nachdenklich mit der Hand durch das dichte Haar. »Was du da von mir verlangst«, sagte er mit ernstem Blick, »gehört nicht in meine Zuständigkeit, sondern zuerst mal in die deines Arbeitskollektivs. Wo bist du eigentlich beschäftigt?« Čaković nannte nicht ohne Verlegenheit die Direktion, fügte jedoch sogleich hinzu, daß er von dort nichts erhoffen könne, da alle Angestellten der Direktion für Hanfanbau mit Wohnraum versorgt seien und niemand derartige Anträge stellte, weshalb auch er keine Ausnahme bilden wolle. »Tjaaa«, sagte Milin gedehnt, nahm nachdenklich einen Schluck Kaffee und zündete sich eine Zigarette an, nachdem er auch Čaković eine angeboten hatte. »Es gibt noch eine Möglichkeit, aber das sind Dienstwohnungen, die wir von der Verwaltung für unsere Mitarbeiter kaufen, die wir halten wollen, oder für solche von außerhalb, die wir einstellen wollen. Momentan wird in unserem Auftrag am ›Kleeblatt‹ ein Haus gebaut, da ließe sich wahrscheinlich eine Dreizimmerwohnung für dich abzweigen.« Er sah Čaković fragend an und entschied: »Wir wollen gleich mal sehen.« Er langte zum Schreibtisch hinüber, hob den Hörer ab und nannte der Sekretärin den Namen des Angestellten, der mit den Plänen für die Dienstwohnungen zu ihm kommen sollte, dann wandte er sich mit ganz verändertem, vertraulichem Ausdruck Čaković zu. »Eigentlich seltsam, daß wir uns erst jetzt und aus diesem Anlaß kennenlernen. Gruja hat mir seinerzeit viel von dir erzählt, wußtest du das nicht?« Und als Čaković erstaunt die Brauen hob, bestätigte er mit einem wehmütigen Lächeln: »Ja, du warst eine Art Idol für ihn, soweit ich mich erinnere. War dir das denn nicht bekannt?« – »Nein«, gestand Čaković. »Doch, doch«, beharrte der Vorsitzende, der die Hände wieder auf die Sessellehnen gelegt hatte und Čaković fast zärtlich anblickte. »Er hat immer gesagt, daß du ein echter Bolschewik bist, so was wie unser Pawel Kortschagin.« Mit einem Ausdruck amüsierter Verwunderung über die eigenen Worte zog er die Lippen breit, so daß sich die herabhängenden Mundwinkel geraderichteten. »Das waren große Zeiten, nicht wahr?« Es klopfte, und das Lächeln verschwand augenblicklich von seinem Gesicht, um einer erwartungsvollen Miene Platz zu machen. Ein junger Mann mit gelichtetem Haar und starken Brillengläsern trat ein, er trug einen Armvoll Papier. »Kommen Sie, Krasojević«, forderte Milin ihn auf, »machen Sie sich mit dem Genossen Branko Čaković aus der Direktion für Hanfanbau bekannt.«

Er wartete, bis sich die beiden die Hand geschüttelt hatten, dann schlug er nonchalant vor: »Und nun wollen wir uns Ihre Unterlagen ansehen. Haben Sie noch eine Dreizimmerwohnung frei?« Sie breiteten die Papiere aus, Milin im Sitzen und Krasojević im Stehen über den Tisch gebeugt, glitten mit den Fingern darüber und murmelten Namen, während sich Čaković betreten dem Fenster zuwandte, bemüht, nicht hinzusehen oder zuzuhören. »Tjaaa«, sagte der Vorsitzende schließlich, »das wär's wohl«, und er tippte mit dem Zeigefinger auf das Papier. »Schreib es dir bitte auf, Branko.« Und als Čaković suchend seine Taschen abtastete, blickte er zum Schreibtisch hinüber. »Dort, Krasojević.« Dieser brachte eilfertig Notizblock und Kugelschreiber herbei, und Čaković notierte nach dem Diktat des Vorsitzenden die Adresse, die aus Buchstaben und Zahlen bestehende Bezeichnung des Gebäudes, das Stockwerk und die Wohnungsnummer. »Ich brauche Sie nicht mehr.« Milin reichte Krasojević die flüchtig zusammengeschobenen Papiere, die dieser beim Hinausgehen an die schmale Brust drücken mußte. Sie blieben allein. »Schau dir die Wohnung an, und gib mir Bescheid, damit wir alles weitere regeln können.« Čaković erhob sich und murmelte gerührt über so viel Entgegenkommen: »Ich danke dir. Du bist ein echter Freund.« – »Wem sollte ich denn helfen, wenn nicht dir?« entgegnete Milin und lächelte herzlich. »Grujas Freunde sind auch meine Freunde, vergiß das nicht.« Er drückte ihm die Hand und begleitete ihn zur Tür.

Noch am selben Nachmittag machte sich Čaković mit seiner Frau zur Wohnungsbesichtigung auf. Da schönes Wetter war – Mitte September –, gingen sie zu Fuß, Frau Čaković sogar in einem neuen Mantel, so daß es aussah, als nähmen sie die längst vergessene Gewohnheit der gemeinsamen Spaziergänge wieder auf. Die Frau sprach von Jasnas Krankheit, denn gerade in diesen Tagen hatte sich bei den ärztlichen Untersuchungen herausgestellt, daß die Gelenkentzündung wahrscheinlich auch das Herz in Mitleidenschaft zog, und die Auskunft der Kardiogramme war diesbezüglich recht beunruhigend; dennoch neigte sie aufgrund der bevorstehenden Veränderungen zu der Hoffnung, daß eine rechtzeitige Behandlung die neue Gefahr bannen könne. Nach einer Weile zeigte sie sich ermüdet, vielleicht weil sie in ihrer Ungeduld zu schnell gegangen waren, vielleicht auch, weil sie sich zu warm angezogen hatte, und als sie die Baustelle auf dem zur Bahnlinie offenen Brachland erreichten, sah sie sich ängstlich um. »Das ist doch viel zu weit, meinst du nicht? Wie soll denn da Jasnica jeden Tag zur Schule kommen?« – »Mit dem Bus wie alle andern«, fertigte Čaković sie ab.

Sie arbeiteten sich zwischen Sandhaufen und umgekippten leeren Fässern hindurch, fanden das Haustor, traten in sein ummauertes Halbdunkel und standen unverhofft einem Wächter gegenüber, obwohl das vorauszusehen gewesen war. Dieser, ein älterer Mann mit struppigem Haar und mahlenden Kiefern, war an solche Besuche offenbar gewöhnt, denn er fragte ohne ein Zeichen des Mißtrauens, welche Wohnung sie zu besichtigen wünschten, und führte sie, als sie die Nummer nannten, über die mit Sand und Kalk bedeckte Treppe nach oben. Die Wohnung Nr. 23 lag im dritten Stock, alle Türen standen weit offen, die Wände waren bereits gestrichen, das gelbe Parkett verlegt, nur die Fensterhöhlen gähnten noch leer in den Rahmen. Čaković blieb vor einem Fenster stehen und blickte hinaus auf das sandige Feld, hinter dem sich dunkel die Bahnlinie abzeichnete. Der Wächter rief ihn ins Nebenzimmer und zeigte ihm den Balkon, von dem man die gleiche Aussicht hatte. Sie traten alle auf den Balkon hinaus und atmeten in tiefen Zügen. Frau Čaković bewunderte den riesigen Himmel, der sich am Horizont schon vorabendlich rötete; sie sprachen über die Vorzüge der reinen, vom Rauch unbelasteten Luft, über die Möglichkeit, daß die Freifläche um die künftigen Häuser mit Bäumen bepflanzt werden würde, dann setzten sie die Besichtigung der Zimmer fort. Es waren drei, aber alle klein, sogar etwas kleiner als die in der jetztigen Wohnung, und was Frau Čaković besonders störte: es gab keine Speisekammer. »Heutzutage hat doch jeder einen Kühlschrank«, tröstete sie der Wächter, und Čaković pflichtete ihm zögernd bei. Sie fragten noch nach dem Termin für die Fertigstellung des Baus – der Wächter verriet, daß er längst überschritten war, daß alles von den Arbeiten an der Elektroinstallation abhing, die sich verzögerten, aber wohl spätestens in einem Monat abgeschlossen sein würden – und verabschiedeten sich.

Zu Hause aber – sie hatten von der Endstation, die sie in einiger Entfernung von der Baustelle entdeckten, den Bus genommen – fällte die Frau auf Jasnas neugierige Frage nach der Wohnung folgendes Urteil: »Die Wohnung ist ganz in Ordnung, aber sie liegt schrecklich weit weg, mein Kind.« Und sie beendete den Satz mit einem fast hoffnungslosen Seufzer.

Das hörte Čaković in seinem Zimmer, dessen Tür zum Zeichen einer neuen, durch das gemeinsame Unternehmen hergestellten Nähe offengeblieben war. Er erstarrte mitten in der Bewegung, mit der er sich einen Schuh auszog, um ihn durch den Pantoffel zu ersetzen. Inzwischen schilderte seine Frau die Abgelegenheit des Stadtteils, in dem sie gewesen waren. »Sogar zur Bushaltestelle muß man ein Stück zu Fuß gehen«, sagte sie. Am liebsten hätte er ihr und der Tochter zugerufen, daß sicher eine Verlängerung der Buslinie bis zu den Neubauten geplant war, aber seine Verbitterung war größer als sein Wunsch, dieses kleine Mißverständnis zu berichtigen. Es verletzte ihn zutiefst, daß seine Frau über diese neue Wohnung wie über etwas frei Verfügbares sprach – etwas für sie persönlich Verfügbares –, das sie annehmen oder ablehnen konnte, ohne sich darum zu scheren, daß er für diese Alternative, diese Möglichkeit seinen ganzen Stolz verleugnet, sein ganzes Ansehen verpfändet, sozusagen seinen ganzen Lebenssinn aufs Spiel gesetzt hatte. Das Entgegenkommen des Vorsitzenden schmeichelte ihm, zugleich aber schmerzte ihn die Erinnerung daran, wie er im Vorzimmer hatte warten, sich verneigen, lächeln, sorgenvoll-demütig sein Anliegen vortragen und sich bedanken müssen, die Erinnerung an die warme Behaglichkeit des Büros, in dem empfangen und gegeben wurde, in dem Entscheidungen fielen und um das sich die Bittsteller mit ihren Hoffnungen scharten – ganz im Gegensatz zu seinem eigenen Dienstzimmer, von dem niemand mehr etwas erwartete –, die Erinnerung an einen Gedanken, der dort Fragment geblieben war, jetzt jedoch konkrete Gestalt annahm: daß eigentlich er an so einen Ort der Entscheidungen gehörte anstelle des jüngeren und weniger verdienten Stanoje Milin und daß es eigentlich Stanoje und seinesgleichen zukam, als Bittsteller bei ihm vorzusprechen. Er hatte diesen Gedanken den Bedürfnissen von Frau und Tochter zuliebe unterdrückt, und nun behandelten die beiden sein Opfer wie eine zufällige Laune, einen zufälligen Gegenstand wie diesen alten Pantoffel, den er in der Hand hielt, unschlüssig, ob er ihn anziehen oder fallen lassen sollte.

Das Mißverständnis war vollkommen und zeigte das ganze Ausmaß der Unstimmigkeiten zwischen Čaković und seiner Frau. Die Heirat war für ihn sozusagen die Krönung seiner Begeisterung für eine neue, gerechtere Ordnung gewesen, an der er im ständigen Kampf gegen alle möglichen Widerstände arbeitete, sie aber hatte sich von dieser Ordnung fast sofort abgewandt. Er hatte sich an ihrer Weichheit entzückt – der gehorsamen Weichheit eines großen Mädchens, einer frischgebackenen Lehrerin, die es aus der Stadt aufs Land verschlagen hatte, um dort zu unterrichten und zur Aufklärung beizutragen, wo auch er für ein besseres Leben focht –, und es hatte so ausgesehen, als erwiderte sie seine Gefühle, da sie bedenkenlos bereit war, ihn zu heiraten. Aber kaum waren die ersten Prüfungen vorüber – die Untermietzimmer in den Dörfern, wo sie getrennt wohnten und einander bei Wind und Wetter besuchten, sein und ihr anstrengender Dienst, sein politischer Abstieg –, kaum war er nach Novi Sad versetzt worden, wohin sie ihm folgte, nachdem er eine Wohnung und für sie eine Arbeitsstelle besorgt hatte, da veränderte sie sich.

In der Stadt, die seit jeher ihre eigentliche Welt war – sie entstammte einer Beamtenfamilie aus Vrbas –, fiel die Tünche der einstigen Opferbereitschaft von ihr ab, und sie kuschelte sich in ihre Bequemlichkeiten ein wie in ein weiches Nest. Ihren Beruf betrachtete sie nur noch als Pflichtübung, als Lohnarbeit, von der sie erschöpft und unzufrieden nach Hause kam. Sie beklagte sich ständig über Sitzungen und Pflichten, aber sie verbrachte die meiste Zeit damit, sich selbst und ihre Wohnung zu verschönern; sie rieb sich mit

Cremes ein, verbrachte ganze Nachmittage bei Schneiderinnen, hängte Spitzen und Volants vor die Fenster, machte große Umstände mit dem Kochen und las leidenschaftlich die Illustrierten, die an den Kiosken im Überfluß angeboten wurden. Als die Kinder geboren waren, fand sie sich bereits im Zwiespalt zwischen ihren luxuriösen Angewohnheiten und den durch die Mutterschaft noch verstärkten Anforderungen, sie nörgelte und jammerte, wurde vergeßlich und nachlässig, und als ihre Tochter Jasna erkrankte, schob sie einfach alles andere beiseite, um sich voll und ganz der Pflege des Kindes zu widmen. Der Pflege des Kindes und ihrer eigenen, schlußfolgerte Čaković, dem nicht entging, daß neben der Tochter auch sie einer dämmrigen Lethargie verfiel, in der nichts existierte außer der Sorge um Gesundheit und Bequemlichkeit. Sie war nicht bereit, seine Bestrebungen, seine härteren, unerbittlichen Forderungen an das Leben zu teilen. Sie entfremdeten sich, suchten immer seltener das Gespräch, denn ihre Gespräche drohten binnen kurzem in Streit zu münden; sie beschränkten sich in einer Art stillschweigendem, wenn auch aus tausend Auseinandersetzungen hervorgegangenem Übereinkommen auf die nötigsten Kontakte. Čaković betrachtete seine Frau schon lange als eine Fremde, die er nur deshalb neben sich ertrug, weil er Hausstand und Familie mit ihr gegründet und somit Verantwortung für sie übernommen hatte.

Er nahm auch diesen Zwist um die neue Wohnung zum Anlaß, sich wortlos und verdrossen noch weiter von ihr zu entfernen, und verbrachte die folgenden Tage in beleidigtem Schweigen. Aber das Thema ließ sich nicht lange mit Schweigen übergehen, es war unumgänglich geworden: einmal weil er – obwohl widerstrebend – einsah, daß es, wenn überhaupt, jetzt an der Zeit war, die Wohnung gegen eine größere einzutauschen, und andererseits, weil er dem Vorsitzenden der Stadtverwaltung sein Anliegen vorgetragen und ihn zu einer Entscheidung, einem Vorschlag genötigt hatte. Zu diesem Vorschlag mußte er sich äußern. Deshalb sprach er, nachdem er sich etwas beruhigt hatte, noch einmal mit seiner Frau. »Hör mal«, sagte er – sie war gerade mit einem Armvoll frischer Wäsche, Jasnas Wäsche, auf dem Weg in ihr Zimmer –, »was soll ich denn nun dem Vorsitzenden antworten? Nehmen wir diese Wohnung oder nicht?« Sie stand da mit ihrer Last und sah ihn zerstreut an. »Ja, ich weiß selber nicht. Es ist sehr weit draußen. Wenn es so eine Wohnung irgendwo im Zentrum gäbe ...« – »Aber da gibt es keine«, unterbrach er sie heftig, »im Zentrum wird nicht gebaut.« – »Doch«, entgegnete sie lebhafter. »Man muß sich nur umsehen.« Und sie wandte sich zum Gehen mit der Erklärung: »Mein Bügeleisen ist heiß, und Jasnica wartet schon. Sie will sich anziehen.«

Ihre unverhoffte Entschlußlosigkeit, fast Gleichgültigkeit regte ihn auf, entwaffnete ihn aber auch und dämpfte seine Angriffslust; außerdem hatte er Anlaß zu neuem Zweifel: Wurden im Zentrum tatsächlich Wohnungen gebaut? Er wußte von keiner einzigen, da er sich bisher nicht dafür interessiert hatte, aber als er die Bilder von seinen langen Spaziergängen vor seinem inneren Auge passieren ließ, gestand er sich ein, hier und da eine Baustelle auch im alten Teil der Stadt zwischen den windschiefen niedrigen Häuschen gesehen zu haben; es war ihm nur nicht notwendig erschienen, sich ihrer zu erinnern, und noch weniger, herauszufinden, ob es sich um künftige Wohnhäuser handelte. Das hätte er jetzt nachholen können, doch er scheute vor den damit verbundenen Unannehmlichkeiten zurück: unbefugt über Zementsäcke und Ziegelhaufen zu klettern, dem Wachpersonal etwas vorzuflunkern. Seine aufrechte Natur verlangte, daß er dahin ging, wo offen und ehrlich geredet wurde: in die Stadtverwaltung. Um jedoch dem Vorsitzenden nicht mit bloßen Vermutungen zu kommen, wollte er sich zunächst an den für die Dienstwohnungen zuständigen Angestellten wenden, dessen Namen – Krasojević – er sich glücklicherweise gemerkt hatte. Er fragte sich zu dessen Büro im zweiten Stock der Verwaltung durch und erfuhr beiläufig zu seiner Verwunderung, daß dieser junge Mann nicht Schreiber oder Sachbearbeiter war, sondern Chef einer organisatorischen Abteilung; er trat bei ihm ein und teilte ihm einfach mit, was er wünschte. »Im Zentrum?« Krasojević schürzte seine schmalen, rissigen Lippen über dem Schreibtisch mit den ordentlich aufgereihten Aktendeckeln, die ihn weniger unbeholfen und abhängig als bei ihrer ersten Begegnung wirken ließen. »Es stimmt, auch im Zentrum wird gebaut, aber wenig. Sie wohnen doch in der Majević-Straße, nicht wahr? Gleich dahinter, in der Straße der Vojvodina-Brigaden, bauen wir ein fünfstöckiges Haus. Dort wird übrigens der Vorsitzende eine Wohnung beziehen.« Čaković wurde nachdenklich; ihm fiel ein, daß zwei Straßen weiter in Richtung Park tatsächlich eine Baustelle war, und er verabschiedete sich. Auf dem Heimweg machte er einen kleinen Abstecher, um sich den Bau anzusehen. Dieser war noch nicht so weit fertiggestellt wie jener, den sie am »Kleeblatt« besichtigt hatten, aber er wirkte irgendwie solider und großzügiger mit seinem flachen Dach und den langen Balkons. Das wäre wirklich schön, dachte er und war in diesem Moment bereit, die anspruchsvollen Launen seiner Frau zu verzeihen.

Er überwand seinen Widerwillen und ging zwei Tage später wieder zum Vorsitzenden, wurde von ihm empfangen und in einen Sessel genötigt. Aber kaum erwähnte er das Haus in der Straße der Vojvodina-Brigaden als Möglichkeit zur Lösung seines Problems, da wurde Milin abweisend. »Das ist nichts für dich«, sagte er, ohne nachzudenken. »Diese Wohnungen sind zu teuer.« In Erinnerung an das von Krasojević Gehörte hätte er fast gefragt: Für dich wohl nicht? Doch er vergegenwärtigte sich noch rechtzeitig, daß er zwei Monate zuvor eine ähnliche Dreistigkeit gegenüber Turinski mit der vorzeitigen Pensionierung bezahlt hatte. Also sagte er nur: »Ich habe gehört, daß dort Leute von der Stadtverwaltung einziehen werden.« Der Vorsitzende sah ihn betreten an. »Ja? Davon weiß ich nichts.« Dann faßte er sich und fuhr mit gespielter Sicherheit fort: »Im übrigen sind all diese Wohnungen schon vergeben.« Sie fixierten einander ein paar Augenblicke; Čaković erriet aus der angestrengten Miene des Vorsitzenden, daß dieser log, aber noch stärker war sein Gefühl, daß er ihm seine Überzeugung nicht ins Gesicht schleudern konnte wie Turinski, weil er diesmal ein Bittsteller ohne Rechte war, da er sich um eine Ausnahmeregelung bemühte. Er hatte sich also auf etwas eingelassen, was er sonst immer vermieden hatte, und das ärgerte ihn; er war drauf und dran zu gehen. Milin hatte seine Absicht wohl bemerkt; er beugte sich in seinem Sessel vor und legte seine Hand auf die von Čaković. »Warte, mein Lieber, laß uns in Ruhe überlegen ...« Er sah ihm sanft, fast flehend in die Augen. »Du sagst, das ›Kleeblatt‹ ist zu weit draußen. Vielleicht hast du recht. Für die Kranke ist das wirklich ungünstig. Aber ich will dir helfen, glaub mir!« rief er auf einmal erregt und überlegte kurz. »Da fällt mir ein, hier im Zentrum gibt es eine Dreizimmerwohnung. Sie wird von einer pensionierten Lehrerin bewohnt, die alleinstehend ist und der soviel Fläche nicht zusteht. Wir haben die Wohnung dem Gerichtsvorsitzenden angeboten, aber der hat abgelehnt, verstehst du, es ist ihm peinlich, denn wir haben mit der Alten prozessiert. Aber für dich wäre es ideal. Ja, ja, wie geschaffen für dich, glaub mir.« Und seine warme Hand drückte fester zu. »Ich regele das gleich.« Er stand lebhaft auf, ging zum Telefon, wählte eine Nummer. »Sagen Sie, Krasojević, wo ist die Wohnung, wegen der wir das Verfahren hatten? Aha. Schreib dir das auf!« Er winkte Čaković, der wieder keinen Kugelschreiber bei sich hatte, also notierte er selbst etwas auf einen Zettel. Er legte den Hörer auf und reichte Čaković das Papier. »Geh hin, und sieh es dir an. Es ist sicher das Richtige.« Mit einem Seufzer der Erleichterung begleitete er ihn zur Tür.

Die Adresse lautete auf den Alten Boulevard ganz in der Nähe der Stadtverwaltung, also machte sich Čaković sofort auf den Weg. Diese breite und gerade, großzügige Verbindungsstraße zwischen den krummen Gassen des Zentrums und der Donau war der Schauplatz fast all seiner wesentlichen Erinnerungen, wie sicherlich auch der Erinnerungen von tausend anderen Menschen, die in Novi Sad aufgewachsen oder wie er in ihren Jugendjahren hierhergekommen waren. An Sommertagen ein sonniger Weg zur Badeanstalt, an heiteren Nachmittagen gesäumt von Kaffeehausstühlen, abends ein Korso mit Scharen von Mädchen, all das war der Alte Boulevard, begrenzt von zwei Reihen schöner, vor dem Krieg in den Jahren bürgerlicher Prosperität erbauter drei- oder viergeschossiger Häuser mit reichen Fassaden. Hier stand das lange, schneeweiße Gebäude der Donau-Banovina, jetzt des Exekutivrats, hier waren Banken und Versicherungen, Reisebüros, Arztpraxen und Anwaltskanzleien. In den besten Jahren dieser Gebäude hatte der Gymnasiast vom Lande, Branko Čaković, keinen Zutritt zu ihnen gehabt, und während des Krieges, gegen Ende seiner Schulzeit, wirkten sie unheimlich auf ihn, denn hinter ihren Mauern hatten sich so manche Dienststellen der feindlichen Besatzungsmacht niedergelassen. Mit einem dieser Häuser, eben der Banovina, war ein für seine Jugend, vielleicht für sein ganzes Leben schicksalhaftes Ereignis verbunden: er hatte vor dem Tor auf Gruja Milin gewartet, der tags zuvor die Aufforderung erhalten hatte, sich zu melden. Als ihm das Warten zu lang wurde, betrat Čaković das Gebäude, suchte nach dem Büro mit der Nummer, die

Gruja ihm beiläufig genannt hatte, und erreichte die erste Etage in dem Moment, als Milin mit gefesselten Händen, zerfetzter Kleidung und wirrem Haar von zwei Polizisten abgeführt wurde. Er kehrte um und suchte das Weite; er ging nicht mehr in sein Untermietzimmer zurück, sondern informierte die Genossen über die aufziehende Gefahr und floh aufs Land, wo er Kontakt zur Abteilung Bačka-Baranje aufnahm und Partisan wurde.

Noch heute spürte er den Hauch dieses entscheidenden Augenblicks, der Gruja Milin – ausgerechnet ihn – ins Gefängnis und dann ins Lager gebracht hatte, wo er an Hunger und Mißhandlungen gestorben war, ihn selbst jedoch, Čaković, der Verwirklichung von dem entgegenführte, was bislang undeutlich in ihm geschlummert hatte. Hinter diesem persönlichen Erlebnis spürte er wie hinter den Kulissen einer Bühnenhandlung die Atmosphäre der Unnahbarkeit, die ihn hier jahrelang bedrückt und zur Unscheinbarkeit verdammt hatte, ebenso aber auch den frischen Wind des Sieges. Dies war für ihn keine gewöhnliche Straße, obwohl hier seit jeher auch normale, gewöhnliche Familien wohnten, und der Gedanke, daß er sich vielleicht bald unter ihnen ansiedeln, Bewohner dieser Straße werden würde, mit der ihn eine Mischung aus Nostalgie und schlimmen Jugenderinnerungen verband, erregte ihn. Entgegen seiner ursprünglichen Absicht, das Haus, in dem er wohnen sollte, nur ausfindig zu machen und es später zusammen mit seiner Frau zu besichtigen – was wußte er denn, welche Einwände sie wieder vorbringen würde –, betrat er nun allein das vierstöckige Gebäude mit der Hausnummer, die ihm der Vorsitzende der Stadtverwaltung und Bruder Gruja Milins aufgeschrieben hatte.

Das Haus hatte einen breiten Eingang mit einem gewölbten Vordach, dahinter lag ein Hof mit Rasen und einer Mauer, an der sich Kletterpflanzen emporrankten; die

Wohnungen lagen zu beiden Seiten einer Marmortreppe mit schmiedeeisernem Geländer; alles hier war solide, luxuriös, und obwohl Wände und Türen längst eines neuen Anstrichs bedurften, waren unter den Spuren der Abnützung noch immer Anzeichen von einstigem Glanz zu erkennen. Er blieb vor der Wohnung mit der Nummer 5 im zweiten Stock stehen und las den Namen neben der Klingel: Wilma Sündholz. Er erschrak zutiefst. Das war der Name seiner Lehrerin vom Gymnasium, kein Zweifel, denn er war zu ungewöhnlich, als daß er zweimal hätte vorkommen können. Die Erregung, die ihn auf der Straße ergriffen und sich mit Neugier gemischt hatte, als er das fremde Haus betrat, befiel ihn von neuem, ja verdoppelte sich. Denn auch Wilma Sündholz gehörte zu jenem entscheidenden Augenblick, obwohl sie damals nicht hier gewohnt hatte, sondern in einem ebenerdigen Häuschen in der Nähe des einstigen Bahnhofs, wo er und Gruja Milin sie oft aufgesucht hatten. Sie nahmen bei ihr Unterricht in Deutsch und Ungarisch, er, Gruja Milin, Blagoje Sudarski und Panta Radivojev, alle vier Schüler vom Land und vor kurzem aus dem »Magyar királyi szerbtanyelvü gimnazium« ausgeschlossen, wie das einzige Gymnasium in der besetzten Bačka hieß, wo in serbischer Sprache unterrichtet wurde. Zu ihrer Ausweisung war es aus ziemlich harmlosem Anlaß gekommen: wegen beharrlichen Fernbleibens von den für alle Schüler obligatorischen Unterweisungen der Levente; dahinter aber stand der Verdacht – ein keineswegs unbegründeter Verdacht –, daß gerade diese vier die Urheber der rebellischen Stimmung in ihrer Klasse waren, die der Direktor auf diese Weise ersticken wollte. So fanden sich die vier Verschwörer von heute auf morgen außerhalb der Schule, und das bedeutete auch außerhalb des Gesetzes, denn sobald man in ihren Dörfern erfuhr, daß sie nicht mehr unter dem Patronat der Bildung standen, erwartete sie die Einberufung zur

Zwangsarbeit in der Ukraine. Deshalb wagte sich keiner von ihnen nach Hause, sondern sie blieben unter dem Vorwand, sich mittels Privatunterricht auf den Abschluß der Klasse vorbereiten zu wollen, in ihren möblierten Zimmern, untätig und unentschlossen, schwankend zwischen plötzlichen Anwandlungen, zu den Partisanen zu gehen, und beginnender Resignation.

Es war Wilma Sündholz, ihre Ungarischlehrerin, selbst ungarische Staatsbürgerin deutscher Herkunft, so daß sie beide Sprachen ausgezeichnet beherrschte, wie übrigens auch das Serbische, eine alte Jungfer, für deren papierene, spindeldürre Erscheinung sie bislang nur Spott übriggehabt hatten, die sich erbot, sie durch kostenlosen Unterricht in diesen beiden wichtigsten Fächern privatim auf die Klassenabschlußprüfung vorzubereiten. Sie waren entsetzt, denn Lernen war das letzte, woran sie dachten, aber sie nahmen das Angebot an, weil es ihnen einen Rest von Legalität verhieß. Jeden Tag gingen sie gemeinsam eine Stunde zu Wilma Sündholz und lernten ihre Lektionen wie in der Schule. Das heißt, sie lernten träge und schlecht, denn sie waren schwache Schüler, alle vier in ihrem Ringen mit der Wissenschaft benachteiligt durch ihre bäuerliche Herkunft, wofür sie sich angesichts der weit offenen Tür des tobenden Krieges schadlos zu halten suchten, indem sie sich in den Aufruhr stürzten. Trotzdem fühlten sie sich wohl bei ihr. Im Gegensatz zu den langen Vor- und Nachmittagen, die sie in ihren ungeheizten Untermietquartieren mit fieberhaften Debatten und Vorbereitungen auf den gefährlichen Entschluß verbrachten, untätig und von bösen Ahnungen geplagt, saßen sie während des Unterrichts bei der alten Jungfer in einem warmen, geräumigen Zimmer voller Bücher und Bilder und waren wenigstens hier sicher vor der Verfolgung, die ihnen gleich jenseits der Haustür drohte. Bei diesem vierzigjährigen späten Mädchen, das unbegreiflicherweise dem Unrecht zu trotzen versuchte, in der Schule, in der Stadt, unter der Okkupation, fühlten sie sich behütet, denn offensichtlich war sie der Meinung, daß ihnen der Schutz des Schüler- und Bürgerrechts zustand. Und als diese Illusion zerstört, als Gruja Milin verraten und vor Čakovićs Augen verhaftet worden war, ging er zu keinem anderen als zu Fräulein Wilma Sündholz, um Sudarski und Radivojev zu bestellen, daß sie fliehen sollten, wohin die Beine sie trugen. Sie hatte die Botschaft offensichtlich übermittelt, denn sowohl Sudarski als auch Radivojev waren, wie Čaković nach dem Krieg erfuhr, der Verhaftung entgangen.

Nun stand er wieder vor ihrer Tür – zwar nicht derselben, doch mit demselben Namen neben der Klingel –, und aus welchem Grund? Um sie aus ihrer Wohnung zu vertreiben und sich selbst darin niederzulassen! Das war so ungeheuerlich, daß er instinktiv einen Schritt zurückwich, sich umdrehte, stillschweigend verschwinden wollte. Dennoch verharrte er auf dem Treppenabsatz, um zu überlegen. Er war nicht der Mensch, der vor einer Auseinandersetzung zurückschreckte, wenn er sie selbst heraufbeschworen hatte, er war ein Mensch, der die Klärung mit sich selbst und anderen suchte. Außerdem hatte er in den vergangenen Jahren oft daran gedacht, daß er seine ehemalige Lehrerin ausfindig machen und mit ihr über ihre edle Tat sprechen müßte, die ebenfalls nachträglicher Klärung bedurfte, da sie ihm rätselhaft geblieben war; aber er hatte ihre Adresse nie erfahren können, weil er sich vermutlich nicht eindringlich genug oder bei solchen Leuten danach erkundigte, die ebenso nachlässig waren wie er. Und wenn er nun zufällig an ihre Tür gelangt war, dann wäre es unanständig und feige gewesen, den Rückzug anzutreten.

Er machte also kehrt, seufzte im Vorgefühl der Begegnung mit etwas Unangenehmem gerade dort, wo er lange

Zeit etwas Gutes erwartet hatte, und drückte auf die Klingel. Nach kurzem Warten öffnete ihm Wilma Sündholz selbst – er erkannte sie sofort, sie hatte sich kaum verändert, nicht einmal ihr Haar war grau geworden. Dieselbe zierliche Gestalt, dasselbe schmale Gesicht mit den runden, braunen, neugierigen Augen hinter der Brille, dieselben schmalen, lächelnden Lippen. Sie öffnete die Tür, soweit es die vorgelegte Kette erlaubte, die sich vor ihrer flachen Brust spannte, aber ihr ganzer Körper fand Platz in dem Spalt. »Zu wem wollen Sie?«

»Zu Ihnen!« rief Čaković unbeabsichtigt laut und verzog den Mund ebenso unbeabsichtigt zu einem freudigen Lächeln, denn nachdem er sie erkannt hatte, dachte er nicht mehr an die Peinlichkeit seines Anliegens. »Erinnern Sie sich nicht an mich? Ich bin Čaković, Branko Čaković, Ihr ehemaliger Schüler, dem Sie umsonst Stunden gegeben haben!«

Sie lächelte breiter, entblößte ihre ebenmäßigen, vermutlich künstlichen Zähne und sagte ohne Überraschung: »Ach, Sie sind es«, hob ihre schmale Hand, und die Kette fiel rasselnd herab. »Kommen Sie herein.«

Er trat in die Diele, dann ins Zimmer. Es war groß, sonnig, mit einem Fenster, das einen weiten Blick auf den Boulevard mit dem weißen Gebäude der Banovina freigab. In der Mitte des Raums stand ein niedriger Tisch mit alten, eingedrückten Sesseln; rings an den Wänden Bücherregale und Bilder. Er erkannte keinen einzigen Gegenstand aus ihrer einstigen Wohnung, aber er hatte denselben Eindruck von Ruhe und Behaglichkeit.

»Nehmen Sie Platz.«

Er setzte sich und fragte, mit einer leichten Verbeugung vor der Lehrerin, wie es ihr gehe. Im großen und ganzen gut, antwortete sie; sie sei bereits seit fünf Jahren pensioniert, erteile aber noch ein wenig Sprachunterricht auf privater Basis.

»Aber hoffentlich nicht hinausgeworfenen Schülern wie uns damals?« versuchte Čaković zu scherzen.

»Das waren andere Zeiten«, sagte sie mit ihrem gefrorenen Lächeln.

»Harte Zeiten«, fügte Čaković ernst hinzu, »aber trotzdem haben Sie so viel Güte aufgebracht, um uns zu helfen.«

»Ich war in der Lage, Ihnen zu helfen«, erwiderte sie leidenschaftslos, »und habe das wenige getan, was ich tun konnte. Und Sie?« fragte sie zurück, was es ihm unmöglich machte, ihr weiteres Lob auszusprechen und Licht in das für ihn Unerklärliche ihrer damaligen Tat zu bringen. »Was machen Sie? Sind Sie verheiratet?«

Seit langem, antwortete Čaković, und außerdem sei er Vater von zwei Kindern, und dieser Teil der Auskunft erinnerte ihn an den eigentlichen Anlaß seines Besuchs.

»Meine Kinder sind schon groß, und ich will demnächst in Pension gehen. Allerdings habe ich keinen entsprechenden Wohnraum. Zwei Zimmer, das ist zu wenig. Ehrlich gesagt, ich bin zu Ihnen gekommen, um Ihre Wohnung zu besichtigen, denn die Stadtverwaltung hat sie mir zum Tausch angeboten. Ich hatte keine Ahnung, daß Sie hier wohnen.«

»Meine Wohnung?« fragte Wilma Sündholz verwundert.

»Ja. Sie haben doch drei Zimmer, nicht wahr? Und Sie sind alleinstehend.«

»Ja, ich lebe allein«, bestätigte sie. »Aber erst seit dem Tod meiner Cousine im Juni. Wir haben fünfzehn Jahre lang zusammengewohnt, nachdem man uns aus unseren früheren Behausungen hierher umgesiedelt hatte. Es ist die Wohnung unserer Familie. Meiner Familie.«

»Ich habe gehört, daß Sie mit der Stadtverwaltung prozessiert und verloren haben.«

»Ich habe Berufung eingelegt.«

»Glauben Sie, daß Sie gegen die Stadtverwaltung gewinnen können?«

Sie hob die schmalen Schultern, ohne daß das ewige Lächeln von ihren Lippen verschwand. Beide schwiegen. Čaković meinte, ihr jetzt sagen zu müssen, daß sie auf diese Wohnung verzichten solle, die für sie allein zu groß und schwierig zu unterhalten und noch dazu den Behörden ein Dorn im Auge war. Er hatte vernünftige Worte auf den Lippen, passende Worte, doch er sprach sie nicht aus. Ihn hinderte die Entschlossenheit ihrer Miene, ihres Lächelns, das er noch aus den Tagen kannte, als es sich in jenen kostenlosen Ungarisch- und Deutschstunden an ihn, den in Schwierigkeiten geratenen Schüler gewandt und ihm Sicherheit gegeben hatte. Dieses Lächeln entwaffnete ihn.

»Schade«, sagte er und sah sich noch einmal um. »Ihre Wohnung ist wirklich schön. Sie wäre das Richtige für mich.«

»Ja«, bestätigte sie, nachdem sie sich ebenfalls umgeblickt hatte. »Sie ist bequem und geräumig und sonnig. Wollen Sie die anderen Zimmer sehen?«

Er zuckte zusammen, weil diese Worte nach ihrem anfänglichen Widerstreben wie Hohn klangen. Doch ein forschender Blick in ihr Gesicht verriet ihm nur die Zuvorkommenheit der Gastgeberin.

»Sehr gern«, murmelte er.

Sie standen auf, und er ließ sich von ihr durch die anderen beiden Zimmer führen, die groß und hell waren wie das erste, mit Fenstern zum Boulevard, vollgestopft mit Möbeln, auf denen Kleidungsstücke lagen und Nippes standen.

»Ich war gerade dabei, ein paar Sachen zusammenzupakken, die ich meinen Verwandten schenken will«, erklärte sie die Unordnung mit einer gelassenen Geste. »Und dann will ich ein wenig umräumen.«

»Ja, hier läßt es sich gut räumen«, erwiderte er, als teilte er ihre Meinung, gleichwohl veranlaßte ihn die Menge überflüssiger Gegenstände, es noch einmal mit einem Gegenargument zu versuchen. »Wäre es nicht doch besser«, sagte er vorsichtig, halb bittend, »wenn Sie einen Teil der Einrichtung verkauften und in etwas Kleineres, Praktischeres umzögen?«

Sie antwortete ruhig, aber unbeirrbar: »An den Möbeln hänge ich, es sind alles Erbstücke. Ich könnte mich nicht davon trennen.«

»Na gut«, entgegnete er. »Warten wir die Entscheidung ab.«

»Ja«, bestätigte sie seufzend und ging vor ihm her durch die Zimmer bis zur Diele, da sie offenbar den Besuch für beendet hielt. Ihm blieb nichts übrig, als sich zu verneigen, ihr noch einmal zu sagen, wie sehr er sich über das Wiedersehen gefreut habe, und zu gehen.

Auf der Straße blieb er jedoch wie betäubt stehen. Noch schwang die Freude über die Begegnung mit der Lehrerin in ihm nach, die Erinnerung an die Geborgenheit und Ruhe in ihrer Nähe, aber dieser Eindruck wurde beeinträchtigt durch das Bewußtsein, daß er den Zweck seines Besuchs bei ihr nicht hartnäckig und eloquent genug verfolgt hatte. Was sollte er tun? Was weiter unternehmen? In diesem Augenblick erschien ihm sein Kampf um eine Wohnung aussichtsloser denn je. Er blickte den Boulevard entlang, sah die Geschäfte, die vertrauten Aufschriften, und hatte das Gefühl, wieder vor einer Entscheidung zu stehen, die sein ganzes weiteres Leben, ja den Sinn seines ganzen bisherigen Lebens beeinflussen würde. Sollte er aufgeben, als hätte er bis jetzt nichts unternommen und erreicht? Oder rücksichtslos *sein* Recht einfordern? Er spürte, daß er nichts übereilen durfte, und zugleich schien ihm, daß er bereits eine falsche Richtung eingeschlagen hatte und in dieser Richtung auf ein unzulässiges Ende zuglitt. Das mußte er verhindern, er mußte zum Ausgangspunkt des Fehlers zurückkehren; er sah auf die Uhr, stellte unzufrieden fest, daß ihm nur noch zehn Minuten bis zum Ende der Arbeitszeit blieben, und begab sich zur Stadtverwaltung.

Die langhaarige Sekretärin des Vorsitzenden war eben dabei, einen Kamm und ein Buch aus der Schublade in die offen vor ihr auf dem Schreibtisch stehende Ledertasche zu packen; sie wunderte sich über Čakovićs späte, unangemeldete Rückkehr, gab jedoch zu, daß Milin noch im Büro war. »Aber nicht allein«, fügte sie mit vieldeutiger Strenge hinzu. »Ich glaube, es lohnt nicht, daß Sie auf ihn warten. Kommen Sie lieber morgen wieder.« Er erklärte, daß er es vorzöge zu warten, da er mit dem Vorsitzenden zwar kurz, aber dringend zu sprechen habe.

Die Sekretärin hob die Schultern und fuhr fort in ihren Vorbereitungen auf den Feierabend. Sie verschloß Schubladen, sah auf die Uhr, verschränkte die Arme vor der von einer dünnen Bluse bedeckten Brust, öffnete noch einmal die Tasche und leckte sich vor dem Spiegel kokett die Lippen, während Čaković in der Ecke saß und tat, als blickte er aus dem Fenster. Endlich stand sie auf, zog sich den Mantel an und erklärte: »Ich gehe jetzt«, was eine unausgesprochene Aufforderung an ihn war, ihrem Beispiel zu folgen. Er blieb sitzen. Daraufhin zuckte sie mit der Schulter, über der bereits ihre Ledertasche hing, ging entschlossen auf die Polstertür zu, klopfte einmal, zweimal, und öffnete sie. Von drinnen war ein vielstimmiges, von unbeschwertem Lachen begleitetes Gespräch zu hören, das abrupt verstummte. »Ich gehe jetzt, Genosse Vorsitzender«, sagte die Sekretärin und zog die Tür zu. Sie nickte Čaković zu und verschwand.

Einen Augenblick überlegte er, warum sie nicht Bescheid gesagt hatte, daß er wartete: vielleicht aus Rücksicht auf den Vorsitzenden, um ihn nicht im Gespräch zu stören, oder aus Rücksicht auf ihn, Čaković, der sie nicht um ihre Vermittlung gebeten hatte. Aber diese Standesrücksichten, gegen die er sonst so empfindlich war, ließen ihn jetzt gleichgültig, da das bevorstehende Gespräch viel größeres Gewicht hatte.

Er saß da und sah abwechselnd aus dem Fenster (jetzt wirklich, um sich abzulenken) und auf die Uhr, deren Zeiger sich immer weiter vom Ende der Arbeitszeit entfernten. Das Telefon klingelte, aber er nahm den Hörer nicht ab. In das Zimmer drangen die gedämpften Stimmen aus dem Büro wie das Geräusch von Gegenständen, die sich aneinander rieben. Eine Besprechung im engsten Kreis? Eine Parteiversammlung? Jetzt ärgerte er sich, weil er die Sekretärin nicht gebeten hatte, Milin herauszurufen, aber von sich aus und unangemeldet hineinzugehen, erschien ihm aufdringlich und zugleich übertrieben demütig, also blieb er an seinem Platz. Da öffnete sich die Tür zum Vorzimmer, es erschien die hübsche Serviererin in ihrer glänzenden hellblauen Schürze mit einem Tablett voller Weinbrand- oder Whiskygläser; sie warf Čaković nur einen flüchtigen Blick zu und betrat ohne Anklopfen das Büro des Vorsitzenden. Die Welle aus Gespräch und Gelächter schwappte wieder heraus und ließ ein heiteres Beisammensein vermuten. Als sich die Tür erneut öffnete und die Serviererin mit leerem Tablett erschien, sprang Čaković auf und griff nach der Klinke. Die Frau ging mit staunend geweiteten Augen an ihm vorüber, und er trat an ihre Stelle. Er sah Milins Büro durch einen grauen Rauchschleier, hinter dem fremde Menschen in den weit vom Tisch abgerückten Sesseln lehnten und durcheinanderredeten. Milin konnte er unter ihnen nicht entdecken, bis dieser sich erhob und, das Stimmengewirr im Rücken, zu ihm ins Vorzimmer kam. Sie standen sich Auge in Auge gegenüber. Auf Milins stark gerötetem Gesicht schwebte noch das Lachen, das ihn aus dem Büro begleitet hatte, und mit diesem heiteren Ausdruck wandte er sich an Čaković: »Willst du zu mir?«

»Ja. Entschuldige, aber es geht immer noch um die Wohnung.«

»Schon gut.« Milin blieb gutgelaunt. »Was gibt es denn? Ist alles in Ordnung?«

»Leider nicht.« Er sah, wie sich Milins Mundwinkel senkten, wodurch er dem verstorbenen Gruja verblüffend ähnlich wurde. »Ich war dort, weißt du, und mußte feststellen, daß die alte Dame unsere ehemalige Ungarischlehrerin ist, meine und die Grujas. Sie hat uns geholfen, als wir aus der Schule geflogen waren, und sie hat sogar den anderen meine Nachricht übermittelt, daß sie untertauchen sollen.« Er hielt inne und breitete hilflos die Arme aus.

»Und?« fragte Milin, als hätte er nicht begriffen.

»Und ich habe nicht das Herz, sie aus dieser Wohnung zu verdrängen, das ist es.«

Milin sah ihn eine Sekunde lang starr und ungläubig an, dann wurde sein Ausdruck weicher und verständnisvoller.

»Einen Augenblick, mein Lieber«, sagte er und legte den Kopf schief. »Das müssen wir erst mal auseinanderhalten. Du verdrängst sie ja gar nicht. Die Sache ist vor Gericht entschieden worden.«

»Sie hat Berufung eingelegt.«

»Aber man wird sie zurückweisen.«

»Ja, natürlich, ich weiß. Trotzdem ... man sollte Rücksicht nehmen. Gib es nicht noch so eine Wohnung im Zentrum, die nicht gerade ihr gehört?«

Milin sah Čaković nachdenklich und neugierig an und schüttelte den Kopf. »Nicht eine einzige.«

Offenbar betrachtete er damit das Gespräch als beendet und setzte schon an, zu seiner Gesellschaft zurückzukehren. Doch plötzlich hielt er inne, und sein Blick wurde scharf und konzentriert. Er lächelte nicht mehr strahlend wie beim Eintreten, sondern gezwungen, mit verkrampftem Gesicht, das seine natürliche Farbe wieder angenommen hatte, und legte Čaković die Hand auf den Arm.

»Mach dir keine Gedanken. Wenn du die Wohnung nicht nimmst, bekommt sie jemand anders, verstehst du. Demnach kannst du der Lehrerin weder helfen noch schaden. Du hast nichts damit zu tun. Du erhältst unsere Entscheidung und befolgst sie. In Ordnung?« Er zwinkerte und drückte Čakovićs Arm. »Hindere mich nicht daran, dir zu helfen, mein Lieber. Du hast es verdient, verstehst du?«

»Ja«, antworte Čaković noch immer voller Zweifel.

»Na also. Nun geh, und warte auf den Bescheid.« Er schob ihn leicht von sich, ließ seinen Arm los, setzte wieder das sorglose Lächeln auf, das ein angenehmes Gespräch verhieß, und verzog sich rücklings in sein Büro. Während er die Tür schloß, nickte er: »Mach's gut.« Und verschwand.

Nun ist es also entschieden, dachte Čaković auf dem Heimweg. Er war traurig, aber nach all der Anspannung auch erleichtert, weil er den Zweifel los war. Zumal nicht er die Entscheidung getroffen hatte, sondern ein anderer, und das, nachdem man ihn auf das stärkste Gegenargument hingewiesen hatte. Aber die Macht kennt keine Gnade, schlußfolgerte er kopfschüttelnd, als wäre er der Betroffene und nicht Wilma Sündholz. Denn in diesem Streit stand er, wenn er sein eigenes Interesse ausklammerte, wovon er in diesem Augenblick überzeugt war, auf der Seite der Lehrerin: Er vergegenwärtigte sich die ganze Grausamkeit des Eingriffs in ihre Existenz, ihre Gewohnheiten, ihren Wunsch, zu leben, wie sie es gewohnt war und für gut befand. Diese Leute dort hinter der Polstertür, die bei fröhlichem Umtrunk in den Sesseln lehnten, nahmen auf solche privaten Anwandlungen keine Rücksicht, außer wenn es ihre eigenen waren. Milin zum Beispiel würde in den Neubau einziehen, in eine Vier- oder sogar Fünfzimmerwohnung, obwohl ihm das bei der Größe seiner Familie nicht zustand, und wenn er eines Tages mit seiner Frau allein blieb, würde es ihm nicht im Traum einfallen, die Wohnung jemandem zu überlassen, der sie nötiger brauchte, sondern er würde sich erst recht dort breitmachen.

Unter solchen Gedanken traf er zu Hause ein und warf seiner Frau, die mit einem vollen Tablett aus dem Zimmer kam – was ihn an die Serviererin beim Vorsitzenden erinnerte –, schon in der Tür das Almosen hin: »So, nun hast du die Wohnung, die du wolltest. Im Zentrum, drei Zimmer, geräumig und bequem.« – »Ja?« rief sie erfreut und blieb stehen. »Wann sehen wir sie uns an?« – »Gar nicht«, sagte er unbeabsichtigt schadenfroh. »Ich habe sie besichtigt, und das genügt diesmal. Wir haben keine Wahl mehr, der Vorsitzende hat es mir deutlich zu verstehen gegeben.«

Es tat ihm ziemlich wohl, seine Frau in die Schranken zu weisen: da er sie als die Schuldige an all den Verwicklungen betrachtete, empfand er eine gewisse Genugtuung darüber, daß sie bestraft wurde. Aber schon an den folgenden Tagen mußte er einsehen, daß die ganze Verantwortung auf ihn übergegangen war. Die Frau hatte sowohl der Tochter als auch dem Sohn von der neuen Wohnung erzählt, und beide, vermutlich von der Mutter angestiftet, bestürmten ihn nun, Jasnica etwas sanfter und zögernder, der kleine Milan aber mit der ganzen Rücksichtslosigkeit seiner Jugend und seines egoistischen Charakters: »Wo werden wir denn wohnen? In welcher Etage? Gibt es dort einen Garten? Kann man einen Hund halten? Wie groß ist der Balkon?« Er antwortete mürrisch und knapp und dachte dabei: Ja, ihr reißt das an euch, als wäre es euer Erbe oder als hättet ihr es euch verdient. Und für eure Gier trete ich meine Ehre mit Füßen! Schließlich hielt er es nicht mehr aus, und eines Abends, als Jasna ausnahmsweise zu einer Freundin und Milan mit seiner Klasse ins Theater gegangen war, erzählte er seiner Frau, was ihm so schwer auf der Seele lastete. Sie hörte ihm zu, die Augen aufmerksam geweitet – die Hände mit dem Nähzeug waren ihr in den Schoß gesunken –, und wurde nachdenklich. »Und sie ist deine Lehrerin aus dem Gymnasium?« – »Ja«, bestätigte er und fühlte, wie mit jedem weiteren Wort ein Stück der lastenden Verantwortung von ihm abfiel. »Ausgerechnet sie, die uns als einzige geholfen hat, als wir Schwierigkeiten hatten. Die sich in der Besatzungszeit als einzige anständig verhalten hat, obwohl das niemand von ihr verlangt oder auch nur erwartet hat.« – »Eine gute Seele«, sagte Frau Čaković und strahlte über ihr ganzes weißes und volles Gesicht. »Dann wird es ihr vielleicht nicht so schwerfallen, uns die Wohnung zu überlassen.« Er reagierte beleidigt. »Dummheiten! Das heißt, wenn du ein guter Mensch bist, willigst du ein, deine Wohnung einem anderen zu geben, der sie nötiger braucht, und in eine kleinere zu ziehen, die man dir hinwirft wie einem Hund.« – »Aber ich brauche eine größere Wohnung, keine kleinere«, begehrte sie auf. Er hielt siegessicher dagegen: »Jeder braucht eine größere. Wir alle wollen etwas Größeres und Besseres, nicht nur du und deine Brut, vergiß das nicht. Außerdem führt sie einen Prozeß um die Wohnung.« – »Aber du hast gesagt, daß sie vor Gericht verloren hat.« – »Vor einem Gericht, das natürlich auf der Seite der Stadtverwaltung steht und nicht auf der Seite einer alten pensionierten Lehrerin!« Die Frau zuckte mit den Schultern: »Jedenfalls muß sie die Wohnung aufgeben, ob du sie nun bekommst oder ein anderer. Demnach hat sie keinen Grund, dir böse zu sein.« – »Es geht nicht ums Bösesein, sondern um Gerechtigkeit. Im Krieg haben die Besatzer auch Wohnungen konfisziert, und die, denen sie sie gaben, waren Lumpen, egal, wofür sie sich selbst hielten.«

Sie entgegnete nicht: Jetzt ist aber keine Okkupation, wie Čaković erwartet, ja mit einem kleinen blasphemischen Schauder gehofft hatte. Sie beharrte auf ihrem Argument wie Milin: daß er, Čaković, sich etwas aneigne, was einem anderen ohnehin schon weggenommen sei, also niemandem gehöre, und diese Übereinstimmung der Ansichten ärgerte ihn ebensosehr, wie sie ihn andererseits beruhigte. Ja, dachte er, die Schuld wird ganz auf seiten der Stadtverwaltung, der anonymen Macht liegen. Er dagegen war nicht ausführendes Organ, sondern bloß Nutznießer. Gäbe es jedoch keinen Nutznießer, bräuchte und dürfte Wilma Sündholz keine Gewalt angetan werden, so wie in der Zeit, als er gegen die Gewalt kämpfte, keine Gewalttat verübt worden wäre, hätte sich nur niemand gefunden, der dabei mithalf.

Hier fiel ihm wieder sein Vater ein, den er im Namen der Macht zum Selbstmord getrieben hatte. Auch damals hatte er etwas getan, was ohnehin getan worden wäre, er meinte, es sei gleichgültig, wer der Vollstrecker war, und glaubte sogar, es selbst sein zu müssen, um ein Beispiel zu geben. In Wirklichkeit war es ihm um das eigene Ansehen gegangen. Wäre er damals zurückgeschreckt und wären alle zurückgeschreckt, die an seine Stelle treten konnten – sein Vater wäre am Leben geblieben und eines viel späteren Tages in Frieden gestorben. Auch zur Einstellung der Zwangskollektivierung war es gekommen, weil viele zurückschreckten; die Kraft dieses Widerstands hatte sich allmählich akkumuliert und war auch auf die Entscheidungsträger übergegangen. Er aber hatte seinen Übereifer, seinen Hochmut, im Grunde seine Dummheit teuer bezahlt, bezahlt mit dem schrecklichen Tod des Vaters und dem Verlust der eigenen Karriere. Wegen dieser Dummheit mußte er jetzt betteln, sich an fremdem Eigentum vergreifen, statt wie Milin etwas in Empfang zu nehmen, was niemandem gehörte.

Hier stockte sein Gedankenfluß. Denn ihm wurde klar, daß Milin mit der Vergabe einer Wohnung an den Freund seines toten Bruders nicht den Interessen der Obrigkeit diente – wie er selbst seinerzeit –, sondern persönlichen, egoistischen, opportunistischen Interessen, die Čaković bei sich überwunden hatte. Aber hatte ihn nicht gerade dieser Sieg ins Unglück gestürzt? Wäre er egoistisch und prinzipienlos gewesen, hätte er nicht den Mut aufgebracht, vor seinen Vater zu treten und zu schreien: »Entweder gibst du das Land der Genossenschaft, oder ich erschieße dich mit dieser Pistole«, sondern wäre diesem Zusammenstoß ausgewichen, hätte einen weiten Bogen um Haus und Dorf gemacht oder sich heimlich irgendwo mit dem Vater verabredet, hätte zugewartet, ob die Anordnungen von oben wörtlich zu nehmen waren, und so wäre für sie beide die Zeit der Lockerungen herangekommen, und sie wären sich auf dem geretteten Grundbesitz um den Hals gefallen. Vielleicht durfte man die niederen Instinkte, die Habgier, den feigen Opportunismus nicht bekämpfen, sondern mußte sich bereichern, sich und seine Nächsten, um oben zu bleiben?

Bei diesen widersprüchlichen Überlegungen spielte Wilma Sündholz kaum noch eine Rolle; nach dem einen Gespräch in ihrer, künftig seiner Wohnung war sie sozusagen für ihn erledigt. Wenn er an sie dachte, dann mit Widerwillen: sie schien ihm wirklich mehr Unvernunft und Halsstarrigkeit an den Tag zu legen, als er von einer Frau erwartet hätte, die jahrelang für ihn die Verkörperung von Geduld und Lebensweisheit gewesen war. Jetzt mußte er sich gestehen, daß sie doch nur eine Kleinbürgerin war oder sich mit der Zeit zu einer solchen entwickelt hatte, eine alte Jungfer, die sich blindlings und krampfhaft an ihren Besitz klammerte, obwohl sie ihn nicht mehr benötigte. Es war eine enttäuschende Schlußfolgerung, die ihm andererseits eine gewisse düstere Befriedigung verschaffte und dazu angetan war, ihn von Gewissensbissen zu befreien. Er hoffte, sich mit dem Fall der Lehrerin, der ohnehin schon in andere Hände übergegangen war, nicht mehr beschäftigen zu müssen, und versuchte sie zu vergessen.

Aber eines Nachmittags, als er sich gerade zum Ausgehen fertigmachte, um der Nähe seiner Angehörigen zu entfliehen, klingelte es an der Tür; er öffnete und stand einem jungen Paar gegenüber, einem Mann mit glattgekämmtem, glänzendem Haar und einer fülligen Frau mit breitkrempigem Hut, die baten, Čakovićs Wohnung besichtigen zu dürfen, da sie ihnen zugesagt worden sei. Er ließ sie eintreten, peinlich berührt einmal wegen der Unordnung, die er im hinteren Zimmer ahnte, wo Jasna ruhte, andererseits überrascht, denn er hatte nicht erwartet, daß man noch einen Dritten in den Wohnungstausch einbeziehen würde. Diesem Erstaunen gab er auch Ausdruck, während die jungen Leute mit leuchtenden Besitzerblicken die Räume musterten und halblaute Bemerkungen wechselten; aber der junge Mann, seinerseits verwundert, bestätigte: In der Stadtverwaltung, wo er als Sanitätsinspektor arbeitete, habe man ihm versprochen, daß er diese Wohnung bekommen solle, sofern sie ihm gefiel. »Und die Lehrerin, Frau Sündholz?« fragte Čaković und entdeckte, daß er die ganze Zeit, auch ohne an sie zu denken, damit gerechnet hatte, daß sie in diese Zimmer einziehen würde, von denen er sich schon langsam verabschiedete. Der junge Mann wurde unsicher: »Eine Lehrerin?« Dann schlug er sich vor die Stirn: »Doch, sie haben mir was von einer Lehrerin gesagt, die meine Wohnung bekommen soll, aber bei uns hat sie sich noch nicht gemeldet. Angeblich sträubt sie sich und soll sogar vor Gericht gegangen sein, und nun wird sie zwangsweise umgesiedelt.« – »Zwangsweise?« entsetzte sich Čaković. »Was heißt das?« – »Das heißt mit Hilfe der Miliz«, erklärte der junge Mann mit der überlegenen Grimasse des Eingeweihten.

Sprachlos vor Verblüffung ließ er das junge Paar durch die Wohnung spazieren und sah zu, wie der Mann mit einem Zollstock die Wände des Zimmers ausmaß, in dem Jasna in eine Decke gehüllt auf der Couch lag, und wie die Frau seine Angaben in ein Büchlein mit blauem Ledereinband notierte. Erst als sie sich unter wiederholten Entschuldigungen wegen der Störung und Äußerungen ihrer Zufriedenheit zum Gehen wandten, nahm Čaković seine Befragung wieder auf. »Und wo leben Sie jetzt? Wie groß ist Ihre Wohnung?« Die junge Frau zwitscherte, bevor ihr Mann zu Wort kam: »Ach, das ist nur ein Mansardenzimmer mit etwas Winzigem, das sich Bad nennt.« Und an Frau Čaković gewandt, vertraulich: »Als wir jung verheiratet waren, hatten wir es schön dort, aber jetzt, wo wir ein Baby erwarten« – sie zuckte mit den Mundwinkeln und warf einen verstohlenen Blick auf ihren Mann –, »wird es höchste Zeit, daß wir uns um etwas Größeres bemühen.«

Als sie fort waren, rief sich Čaković die Beschreibung ihrer Wohnung in Erinnerung. Eine Mansarde, »etwas, das sich Bad nennt« – wie mochte das aussehen? Wilma Sündholz hatte aus Trotz die Wohnung nicht einmal in Augenschein genommen; wie ließ sich dann aber feststellen, ob sie ihr auch nur annähernd entsprechen würde? Er war schon fast entschlossen, an ihrer Stelle hinzugehen und sich ein Urteil zu bilden; aber er hatte sich die Adresse des jungen Paares nicht geben lassen. Die ließ sich zwar in der Stadtverwaltung bei Krasojević unter einem Vorwand erfragen, doch noch während dieser Überlegung begriff Čaković bereits die ganze Sinnlosigkeit seiner Idee: selbst wenn er die Wohnung für gut befand, schloß das nicht aus, daß die Lehrerin genau das Gegenteil dachte. Ja, sie würde nur widerstrebend in diese Wohnung ziehen, und was innerer Widerstand bei alten, in ihren Gewohnheiten erstarrten Menschen bedeutete, hatte er bereits erfahren. Er bekam Angst, sprang von der Couch, auf der er gelegen hatte: Würde er nicht, trotz aller guten Absicht, doch noch eine Tragödie heraufbeschwören?

Als er ans Fenster trat, kam ihm das keineswegs unwahrscheinlich vor. Es regnete, es war dunkel, denn der Oktober ging schon in den November über, und bei diesem Bild dachte er selbst mit einem Frösteln im Rücken an Wohnungstausch und Umzug. Der Winter war dazu da, daß man blieb, wo man war, so empfand er es mit seinem auch bereits alternden Körper; es war die Zeit der Erkältungen, der Rheumaanfälle, der Akklimatisation, und man durfte die alte Frau nicht ausgerechnet jetzt zu dieser unerwünschten Veränderung zwingen. Was sollte er unternehmen? Ihm kam der rettende Gedanke, ihr vorzuschlagen, daß sie den Winter über in der alten Wohnung blieb. Wenn sie ihre Sachen in ein Zimmer räumte und er mit der Familie nur die anderen beiden bezog, würden sie es mit vereinten Kräften, das heißt unter Rücksichtnahme auf sie, die Schwächere, bis zum Frühjahr aushalten. Aber die Mansarde – würde sie nicht, wenn sie leerstand, von jemandem besetzt werden? Für einen Moment stellte er sich vor, daß er selbst mit Bett, Schrank und Tisch dort einzog, für diesen Winter oder solange Frau Sündholz es wünschte oder solange sie lebte, damit sie in Ruhe und in der Umgebung, die ihr lieb und vertraut war, ihre Tage beschließen konnte. Diese Idee machte ihm Hoffnung; er sah sich schon allein wirtschaften, den Ofen heizen, einfache Gerichte zubereiten, und all das in dem guten Gefühl, daß er jemandem half. Doch gleich kamen ihm wieder Zweifel. Würde er das wirklich für sie tun, für seine alte Lehrerin, oder nicht vielmehr für sich selbst, um den Druck der Verantwortung loszuwerden, auch den Druck der Familie, diese unerträgliche Last, die ihn dazu brachte, gegen eigene Absichten und Überzeugungen zu handeln? Sich von ihnen befreien: von Frau und Tochter und Sohn, das war die Verlockung, er wußte es jetzt. Wie wäre es, wenn er zu Wilma Sündholz oder sie zu ihm zog, wenn sie, zwei Außenseiter der Gesellschaft, zwei, die jenseits von Gier und Gewinnsucht standen, zwei Pensionäre dieser rücksichtslosen Welt, sich zusammentaten und die anderen ihrer anstrengenden Unersättlichkeit überließen?

Diese Möglichkeit begann ihn zu beschäftigten wie eine nebelhafte Vision; sie erfüllte ihn mit Ruhe und Heiterkeit; er glaubte in Gesellschaft der alten Frau endlich zu jener Harmonie mit der Welt gelangen zu können, nach der er seit jeher strebte, verletzt von den Benachteiligungen, die er als Dorfjunge in der Stadt erlitten hatte, wo er der rücksichtslosen Konkurrenz der Höhergebildeten und Anpassungsfähigeren ausgeliefert war. Einzig bei Wilma Sündholz, bei dem kostenlosen Nachhilfeunterricht, den sie ihm und seinen verfolgten Freunden erteilt hatte, bei den täglichen Stunden in der Wärme und Sicherheit ihres Hauses, dieses bürgerlichen Stadthauses, das dennoch nicht mißtrauisch und feindselig war wie die anderen – nur dort hatte er sich eins mit der Welt gefühlt und nirgends sonst: nicht bei seinem Vater, der ihn mit Gewalt in die Stadt gejagt hatte, damit er sich bildete, nicht in der Bewegung, wo seine Prinzipienfestigkeit mit den Erfordernissen der Anpassung an die Verhältnisse kollidierte, mit der Nachsicht gegenüber den reichen Kulaken, mit dem Verzicht auf die Kollektivierung des Bodens. Überall war er mit seiner Schroffheit angeeckt außer bei ihr, solange er ihrer Sorge und Führung anvertraut war, und wenn er sie jetzt beschützen wollte, so stand dahinter eigentlich der Wunsch, sich selbst wieder unter ihren Schutz zu begeben.

Kaum hatte er das begriffen, erschien es ihm unmöglich, im Sinne seiner Vision zu handeln oder es wenigstens zu versuchen, denn die Rolle des Deserteurs konnte er nicht akzeptieren. Sie, die Lehrerin, hätte ihn um Hilfe bitten müssen, dann hätte er gewußt, was er ihr vorzuschlagen hatte, und hätte es getan, ohne sich zu schämen. Zwar wäre auch das eine Flucht gewesen, Flucht besonders vor der Verantwortung, aber einen besseren Ausweg wußte er nicht. Er wartete darauf, daß Frau Sündholz sich bei ihm meldete, daß sie, wenn sie nachgedacht und ihren Trotz überwunden hatte, mit ihrer Beschwerde zu ihm kam. Doch sie ließ nichts von sich hören. Schon war von der Stadtverwaltung auch der Bescheid über die neue Wohnung eingetroffen; seine Frau hatte ihn am Vormittag vom Zusteller in Empfang genommen und in seinem weißen Kuvert aufrecht an eine Blumenvase gelehnt. Er las ihn durch, er enthielt die genaue Anschrift und Angaben über die Größe der Wohnung am Alten Boulevard sowie den Namen der bisherigen Nutzerin, der Lehrerin Wilma Sündholz, und am Ende der Seite, nach dem Stempel mit Krasojevićs Unterschrift, folgte die Aufzählung der Adressaten, denen das Schreiben geschickt worden war, darunter auch die Lehrerin.

Auch sie wußte also bereits, daß sich die Schlinge um ihren Hals zusammenzog, und jetzt würde sie vielleicht doch von sich hören lassen. Seine Frau hatte zur Feier des Tages im hinteren Zimmer ein kleines Festmahl gerichtet; Jasnas Tisch war ausgezogen und mit einem gestärkten weißen Tafeltuch bedeckt, auf dem sich delikate kalte Speisen reihten und eine Flasche Wein stand. Sie aßen und tranken und brachten sogar einen Toast auf die neue Wohnung aus, der kleine Milan war ein wenig beschwipst und redete zusammenhanglos, was sie zum Lachen brachte, Čaković aber spitzte die ganze Zeit seine Ohren zur Diele, um das Klingeln nicht zu verpassen, um der Lehrerin zu öffnen, sie in sein Zimmer zu bitten, hinter geschlossener Tür ihre Ängste und Klagen anzuhören und sie dann zu beruhigen: sie würde dort bleiben, wo sie es wünschte. Und nachdem er die alte Frau hinausgeleitet hatte, würde er seiner um den noch reichgedeckten Tisch versammelten Familie mitteilen:

»Wißt ihr das Neueste? Frau Sündholz wird vorerst mit uns zusammenwohnen.« Er genoß schon im voraus boshaft das enttäuschte Murren: »Was hat uns dann der ganze Tausch gebracht? – »Nichts«, würde er antworten, »aber das interessiert mich nicht. Ihr habt euch die Suppe selbst eingebrockt.«

Auch dies war jedoch nur eine Fortsetzung seiner Visionen, die in den letzten Gläsern des Festtagsweins ertränkt wurden. Was läutete, war nicht die Klingel an der Wohnungstür, sondern sein Telefon auf dem Schreibtisch in der Direktion für Hanfanbau, und zwar am nächsten Morgen, als er sich gerade die mit der Post eingetroffenen Akten vornahm. Er hob den Hörer ab und vernahm die Stimme eines Mannes, in dem er mehr am Wortschwall als am Namen den Besucher von neulich mit dem Zollstock erkannte. Dieser teilte mit, er rufe aus einer Telefonzelle an, nachdem er bereits bei Čaković zu Hause gewesen sei und seine Frau informiert habe: der Umzug gehe heute vonstatten. »Halt, warten Sie«, sagte Čaković mit einem Blick in den Garten, wo sich die Bäume unter Wind und heftigem Regen bogen. »Wieso heute? Wozu diese Eile? Bei einem solchen Wetter?« – »Heute!« rief der Mann fast triumphierend in den Hörer. »Die Stadtverwaltung hat es so festgelegt.«

Čaković überlegte, er sah die zarte und unglückliche Frau Sündholz vor sich, die jäh mit der Tatsache des Umzugs an diesem stürmischen Regentag konfrontiert war. Bei der Erkenntnis, daß das, was er ängstlich wegzuschieben versucht hatte, jetzt eingetroffen war, stieg ihm das Blut zu Kopf, und er regte sich auf: »Heute kann ich nicht! Das muß doch vorbereitet werden!« Am anderen Ende der Leitung erklang höhnisches Gelächter. »Was heißt hier vorbereiten, Mann Gottes? Vor Ihrem Haus steht schon der Wagen mit meinen Möbeln, denn ich habe heute früh die Aufforderung bekommen, meine Wohnung für die alte Lehrerin zu räumen. Sie nehmen an einem Ringtausch teil, begreifen Sie das endlich, und kommen Sie sofort!« Čaković zögerte, auch der andere wartete ein Weilchen, dann knarrte es wieder im Hörer: »Also was ist? Kommen Sie nun?« Čaković blieb nichts übrig, als wütend nachzugeben: »Natürlich, wenn es denn sein muß. Aber ich kann Ihnen sagen, das alles ist eine einzige Schweinerei!« Er warf den Hörer auf die Gabel.

Er erklärte seinen Kollegen, er müsse dringend weg und käme heute nicht mehr wieder, zog den Mantel an und verließ das Gebäude. Der Wind zerrte an seinem offenen Mantel, dicke Regentropfen peitschten sein Gesicht. Er wollte erst zum Alten Boulevard, um sich von dem Schrecklichen, das ihn erwartete, zu überzeugen. Aber da sein Haus am Weg lag, warf er von der Straßenecke aus einen Blick hinüber. Tatsächlich stand ein Wagen vor dem Tor, schwere Pferde wiegten ihre Köpfe, Männer machten sich auf dem Gehweg zu schaffen. Mußte er nicht wenigstens vorbeischauen? Er hob schuldbewußt die Schultern und verließ die eingeschlagene Richtung.

Die Männer auf dem Gehweg waren der Kutscher und die Träger, und als er bei ihnen ankam, lösten sie gerade die dicken Seile, mit denen der Möbelstapel auf der Ladefläche befestigt war. Da sie ihn nicht beachteten, trat er ins Haus und ging nach oben. Die Wohnungstür stand weit offen, er stieß mit einem Mann in fleckiger Windjacke zusammen und begegnete in der Diele seiner Frau in Mantel und Kopftuch. »Was geht hier vor?« fragte er scheinbar ahnungslos. »Wir ziehen um«, sagte sie mehr besorgt als erfreut. »Gut, daß du kommst, du kannst aufpassen. Ich bin ganz allein, Jasnica habe ich zu den Nachbarn geschickt.« – »Aufpassen, worauf?« – »Auf unsere Sachen, beim Verladen. Der neue Mieter sagt, daß alles sofort raus muß, damit er einräumen kann.« – »Das sagt er. Wo ist er überhaupt?« – »Sicher vor dem Haus.«

Er ging hinunter, ohne ihr zu sagen, daß er beim Kommen den Mann nicht gesehen hatte. Er hatte das Bedürfnis, sich zu bewegen, etwas zu tun in dem durch diese unwiderrufliche und unvernünftige Entscheidung verursachten Chaos. Vor dem Tor traf er den künftigen Mieter, den unmittelbar Schuldigen, neben einem runden Tisch, der im Regen stand. »Und was nun?« warf er ihm im Näherkommen hin. Der junge Sanitätsinspektor lächelte gezwungen und breitete die Arme aus: »Sie sehen doch! Ich stehe im Regen auf der Straße und muß abladen. Einen Mann habe ich nach oben geschickt, damit er Ihnen beim Packen hilft.« – »Wie soll ich packen, wenn ich kein Transportfahrzeug habe?« – »Das kriegen Sie«, erwiderte der junge Mann. »Sie können diesen Wagen und die Männer nehmen, sobald sie mit meinen Sachen fertig sind. Eine Fuhre kostet zwanzigtausend.«

Er mußte einsehen, daß das jetzt wirklich die einzige Lösung war, und kehrte zögernd nach oben zurück. Dort räumten seine Frau und der Mann in der Windjacke Kleidung aus dem Schrank in eine große Kiste. Er trat hinzu, packte ein bißchen mit an, sah aber bald ein, daß er nicht gebraucht wurde, wenigstens bis der Schrankinhalt in den Kisten verstaut war. Es drängte ihn, sie zu verlassen, obwohl er sich zugleich davor fürchtete, also stand er ein Weilchen herum und reichte hin und wieder einen Gegenstand zu. Schließlich fragte er seine Frau: »Werden die Kisten reichen?« – »Der Neue hat versprochen, uns seine zu geben, sobald sie leer sind.« Demnach konnte er verschwinden. Er sagte: »Hör zu, ich gehe dann schon in die andere Wohnung.« Sie hielt überrascht inne und blickte auf. »Was willst du da?« – »Nach der Lehrerin sehen«, antwortete er, und ihn packte eine Wut, die ihm wohltat. »Begreif doch, sie ist alt und allein und soll bei diesem gräßlichen Wetter umziehen. Ich muß ihr zumindest helfen.« Die Frau sah ihn starr an, dann entspannte sich ihr Ausdruck. »In Ordnung, wir schaffen das hier schon irgendwie. Zu Mittag kommt auch Milan.« – »Na gut, ich gehe dann.« Er verließ die Wohnung, aber auf der Treppe holte ihn der Ruf seiner Frau ein: »Branko! Branko!« Er drehte sich um und sah sie am Geländer stehen. »Was ist?« – »Bleib doch gleich dort und warte auf die Sachen, die ich mit der ersten Fuhre schicke.« Er winkte zum Zeichen des Einverständnisses.

Er hastete die Straße entlang, stolperte aber über jede Unebenheit, als wäre er unsicher auf den Beinen. Er wußte, daß er zu spät kam, nicht nur jetzt, wo seine Hilfe gebraucht wurde, sondern daß er kostbare Tage verloren hatte. Nun, da alles getan, alles zu spät war, beeilte er sich, wie er sich damals beeilt hatte, den toten Vater zu sehen, dem nicht mehr zu helfen war.

Auf dem Alten Boulevard sah er vor dem Haus der Lehrerin einen Lastwagen und erkannte daran, daß auch hier der Umzug begonnen hatte. Als er näherkam, trugen gerade zwei Männer an einem breiten Juteriemen einen dunklen Schrank heraus, der das Tor versperrte. Er wartete, bis sie die Straße erreicht hatten, und trat ein. Ihn empfing scharfe Zugluft, unter der er sich duckte und den Mantel um sich schlug. Beim Aufrichten entdeckte er im Dunkel des Hausflurs, am untersten Treppenabsatz, einen Haufen Hausrat, bewacht von einem Milizionär. Obwohl Čaković ein paar Tage zuvor auf die Anwesenheit von Ordnungshütern hingewiesen worden war, zuckte er bei seinem Anblick zusammen und näherte sich zögernd. »Sind Sie wegen des Umzugs hier?« Der Milizionär, ein junger Mann mit langen Ohren und geröteter fleischiger Nase, wandte sich träge um. »Und wer sind Sie?« – »Ich?« fragte Čaković verblüfft und antwortete ungewollt schroff: »Das ist doch klar: der neue Mieter.« Der Milizionär musterte ihn, nickte und wollte sich wieder abwenden. »Wo ist sie?« fragte Čaković bange. »Wer?« – »Die Frau Lehrerin.« Nach kurzem Überlegen hob der Milizionär die Hand und zeigte mit dem Daumen über seine Schulter, und als Čaković mit dem Blick der Richtung seiner Bewegung folgte, erkannte er inmitten des Möbelhaufens auf einem tiefen, ins Halbdunkel getauchten Sessel das Funkeln von Brillengläsern. Er ging unschlüssig darauf zu, bückte sich und sah Wilma Sündholz, zusammengesunken, in einem Mantel, dessen hochgeschobene Revers bis zur Mitte ihres kleinen Kopfes reichten. Ihr Gesicht, von einem Tuch umhüllt wie vorhin das volle, kräftige Gesicht seiner Frau, wandte sich langsam ihm zu. Auf den Lippen lag das vertraute, gefrorene Lächeln.

»Frau Sündholz!« rief er, durch dieses unpassende, vorwurfsvoll wirkende Lächeln ebenso schmerzlich getroffen wie durch die Erkenntnis, daß er hier ein Eindringling war. »Frau Sündholz! Was machen Sie denn hier? Es zieht, Sie werden sich erkälten! Warum sind Sie nicht in der Wohnung?«

Sie hob die Schultern, ohne daß sich der schwere Mantel bewegte, blickte ihn durch die Brillengläser an und wies mit dem Kopf auf den Milizionär. »Der Mann hat mir befohlen, unten zu warten.«

»Sie?« Čaković drehte sich zu dem Milizionär um und maß ihn drohend.

»Ja«, bestätigte dieser ruhig und trat offenbar in bestimmter Absicht einen Schritt näher.

»Und warum?«

»So lautet die Anweisung.«

»Aber das ist eine dumme Anweisung«, empörte sich Čaković. »Es geht um eine ältere Dame, hier ist es zugig und kalt, ist Ihnen das nicht klar?«

Der Milizionär schaute sich um. »Sobald die Sachen aufgeladen sind, kann sie einsteigen, und ab geht's in die neue Wohnung.«

»Aber hier wohne jetzt ich«, wandte Čaković ein. »Und als Wohnungsinhaber lade ich sie zu mir ein. Verstanden?« Er neigte sich wieder ihr zu. »Kommen Sie, Frau Sündholz.«

Er griff ihr unter beide Achseln und stellte mit leichtem Erstaunen fest, wie schwach ihre Oberarme unter dem dicken Gewebe waren, fast nicht vorhanden. Da legte sich etwas Festes, Dunkles auf seine Schultern, und als er sich umdrehte, erblickte er über sich Bauch und Brust des Milizionärs. »Was soll das?« Er machte sich angewidert los und sprang beiseite.

Der Milizionär folgte ihm und drängte seinen vom Koppel eingeschnürten Bauch an Čaković. »Sie, Bürger, gehen gefälligst nach oben in Ihre Wohnung«, sagte er in ganz verändertem, scharfem Ton. »Und die Bürgerin bleibt hier, bis ihre Sachen verladen sind.«

Čaković blickte ihm in das feiste junge Gesicht mit den dummen kleinen Augen, der fleischigen Nase, an deren Spitze ein glänzender, durchsichtiger Tropfen hing. Er war versucht, ihm einen Fausthieb auf diese tropfende Nase zu versetzen, aber er wußte, daß er sich damit in unentwirrbare Konflikte verstrickt hätte, und außerdem konnte er sich keinen tätlichen Angriff auf einen offiziellen Vertreter der Ordnung erlauben, die er selbst mitgeschaffen hatte.

»Haben Sie denn keine Mutter?« brachte er hilflos hervor.

Der Milizionär reagierte schlagfertig: »Und Sie? Haben Sie eine?«

Ein paar Sekunden sahen sie sich stumm an, bis Čakovićs Zorn einer Niedergeschlagenheit wich, die sich plötzlich in seinem ganzen Körper ausbreitete. Er ließ die Arme sinken und wandte den Blick ab.

Die beiden Träger kamen gerade von der Straße und stiegen langsam die Trepppe hinauf, und Čaković folgte ihnen wie einem Zeichen, das ihm den Ausweg wies. Sie erreichten den zweiten Stock und betraten die Wohnung, deren Tür ebenfalls weit offen stand. Das vordere Zimmer war bereits ausgeräumt, und die Träger begaben sich zielstrebig in das nächste, von wo gleich darauf ihre brummigen Bemerkungen zu hören waren. Čaković, der nicht wußte, was er mit sich anfangen sollte, trat ans Fenster. Er sah den Boulevard hinter einem Regenvorhang, der mit der grauen Luft verschmolz und die Häuser, ihre Aufschriften, die Gehwege in einen farblosen, schmutzigen, bedrohlich gleichgültigen Brei ohne Sinn und Bedeutung verwandelte. Nein, er hatte keine Mutter, sie war gestorben, als er noch ein Kind war; er erinnerte sich nur an seine Stiefmutter und glaubte jetzt, daß er sich wegen dieses schlechten Ersatzes sein Leben lang vergebens nach Licht und Wärme gesehnt hatte.

Inhalt

Aleksandar Tišma
Der Gebrauch des Menschen
Roman
Aus dem Serbokroatischen von Barbara Antkowiak
1991. 336 Seiten

Der Gebrauch des Menschen, einer der bedeutendsten Romane des 1924 geborenen serbischen Schriftstellers Aleksandar Tišma, spielt während des Zweiten Weltkriegs in Tišmas Heimatstadt Novi Sad, der ethnisch bunten wojwodinischen Hauptstadt. Am Geschick einer Handvoll Menschen wird Geschichte auf bewegende Weise präsent gemacht.

Mit nüchterner Trauer, ohne anklägerisch-besserwisserische Geste läßt Tišma ein Stück jugoslawischer und europäischer Geschichte Revue passieren. Die Bilder des Grauens – ob das Massaker von Novi Sad oder das Todeslager von Auschwitz – dokumentieren das zynische Vernichtungswerk des Menschen und ziehen mit ihrer stillen, aber bohrenden Insistenz zur Verantwortung.

Neue Zürcher Zeitung

Der Gebrauch des Menschen ist mehr als ein europäischer Roman, weil er sich nichts anderes vorgenommen hat als die pannonische Provinzhauptstadt Novi Sad, in der bis zum Einmarsch der Hitlerarmee Serben, Kroaten, Deutsche und Juden mit komplizierter Selbstverständlichkeit zusammengelebt haben. Tišmas Roman ist ein Modell. Daß er es auf der Ebene seines Stoffs (Nationalitätenkonflikte, Einmärsche, Foltern, Deportationen; *Gebrauch* des Menschen) heute noch in einem stärkeren Maße ist als 1976, zum Zeitpunkt seiner Erstveröffentlichung, ist schrecklich.

Frankfurter Rundschau

Fatalismus und zugleich vergebliches Aufbegehren prägen Tišmas Roman *Der Gebrauch des Menschen.* Bevor das Verhängnis die Menschen endgültig zermalmt, wirft es sie hilflos zu Boden. In einer der bedrückendsten Passagen wird dem Juden Kroner im Gespräch mit seinem deutschen Schwager langsam klar, daß es sich bei den Erzählungen dieses SS-Manns über Massenerschießungen von Juden nicht um die Ausgeburten eines vom Alkohol umnebelten Hirns handelt, sondern um einen Ausblick auf sein eigenes Schicksal. Schweißperlen legen sich da um seine Stirn »wie eine Dornenkrone«. Aber er ist unfähig, sich gegenüber dem grauenhaften Schicksal zu wehren: »Stinkendes, feiges Ungeziefer, verhöhnte er bei sich das Volk, dem er angehörte, mit Sepp Lehnharts Worten, stinkendes, feiges Ungeziefer, das nichts anderes verdient, als getötet zu werden, weil es selbst nicht versteht, zu töten.«

Tišma, 1924 als Sohn eines aus den Bergen um Lika stammenden Serben und einer ungarischen Jüdin im nordjugoslawischen Horgos geboren, ist ein Altersgenosse seiner Romangestalten, hat den Untergang einer Welt, in der Juden, Deutsche, Serben und Kroaten mehr oder minder friedlich zusammenlebten, selbst erlebt. *Der Gebrauch des Menschen* ist ein quälendes Meisterwerk, das seinen deutschen Lesern eine gern verdrängte Last unserer Geschichte aufbürdet, denn kaum zuvor ist die Scham der Opfer so genau beschrieben worden wie in diesem Roman.

Deutsches Allgemeines Sonntagsblatt

Primo Levi
Die Untergegangenen und die Geretteten
Aus dem Italienischen von Moshe Kahn
1990. 212 Seiten

In seinem letzten Buch *Die Untergegangenen und die Geretteten* schrieb Primo Levi, als ein Überlebender des Konzentrationslagers Auschwitz, daß selbst nach Jahrzehnten noch die »Verletzung unheilbar« sei, nachdem er sich noch einmal vor Augen führte, was ihn mehr als vier Jahrzehnte lang gequält und in Unruhe versetzt hat: das grauenvolle »Unikum« der nationalsozialistischen Vernichtungslager. Wenig später, 1987, setzte er seinem Leben ein Ende.

Levis geistiges Vermächtnis *Die Untergegangenen und die Geretteten* ist ein bewegendes Buch von der Pflicht zur Erinnerung an »das größte Verbrechen in der Geschichte der Menschheit«, eine Pflicht zur Erinnerung, um jede Wiederholung für immer auszuschließen. *Süddeutsche Zeitung*

Levi versucht, die Komplexität der menschlichen Verhaltensweisen in der Hölle des Konzentrationslagers zu verstehen, ohne vorschnelle moralische Urteile zu fällen, ohne Konzessionen an die Opfer und noch viel weniger an die Mörder zu machen. Seine unbestechliche intellektuelle Ehrlichkeit macht auch nicht halt vor der Analyse der Scham, die er selber als Überlebender empfindet. Er schreibt: »Nicht wir, die Überlebenden, sind die wirklichen Zeugen. Das ist eine unbequeme Einsicht, die mir langsam bewußt geworden ist, während ich die Erinnerungen anderer las und meine eigenen nach einem Abstand von Jahren wiedergelesen habe. Wir Überlebende sind nicht nur eine verschwindend kleine, sondern auch eine anomale Minderheit: wir sind die, die auf Grund von Pflichtverletzung, auf Grund ihrer Geschicklichkeit oder ihres Glücks den tiefsten Punkt des Abgrunds nicht berührt haben. Wer ihn berührt, wer das Haupt der Medusa erblickt hat, konnte nicht mehr zurückkehren, um zu berichten, oder er ist stumm geworden.«

Primo Levi schrieb seine Bücher, weil er sich erzählend vom Alptraum des Lagers befreien wollte; daß diese Befreiung nicht definitiv sein würde, hat er schon in seinem ersten Buch vorausgeahnt, wo er von dem immer wiederkehrenden Lagertraum des Erzählers berichtet, dem niemand zuhört. In seinen Büchern hat er jedoch die Erinnerung an Auschwitz so erzählt, daß sie nicht mehr vergessen werden kann. *Neue Zürcher Zeitung*

Primo Levi klagt nicht mehr an, er beklagt kaum noch, er beschreibt und kommentiert – allerdings unerbittlich – das Wesen des Menschen, das so leicht zum Unwesen entarten kann. Das Werk ist eine Studie, man muß es überdenken; denn sein eigentlicher Zweck ist gar nicht die – allerdings oft grauenvolle – Information, sondern eine Erziehung zur Nachdenklichkeit.

Die Presse

Danilo Kiš
Sanduhr
Roman
Aus dem Serbokroatischen von Ilma Rakusa
1988. 288 Seiten

Mit *Frühe Leiden* und *Garten, Asche* schließt sich *Sanduhr* zu einer Trilogie, der Kiš den Titel »Familienzirkus« gab: Sie ist ganz einer mythischen Vatergestalt gewidmet, einem »Luftmenschen« und Wanderphilosophen, »Muromanten« (Entzifferer von Wandflecken) und Eisenbahnbeamten, Trinker und Weltenerklärer, den es, als einen anderen Ahasver, durch den seither versunkenen, nein: vernichteten Kontinent »Pannonien« umgetrieben hat. Bis in die verborgensten Nischen der Biographie hinein erkundet, erforscht, und selbst in den alltäglichsten Verrichtungen preist und feiert Kiš seinen gewiß bizarren Helden, einen Utopisten der hochgemuten Aufflüge und zerknirschten Abstürze, der nervösen Ausbrüche und ruhigen Selbstgewißheit, einen »Luftmenschen« eben, der sich über die Erde erhoben hat und doch in alles Verderben auf ihr niedergeholt wird.

Danilo Kiš montiert Verbürgtes, Erdachtes, Überliefertes, Mögliches, Gefundenes und Erfundenes ineinander, um in einem bezwingenden Kunstwerk auf der Höhe unserer Zeit die hingemordete, ausgelöschte seiner Kindheit neu zu erschaffen.

Die Zeit

Sanduhr heißt der letzte und düsterste Teil einer einzigartigen Trilogie, deren Auftakt der bereits 1968 ins Deutsche übersetzte Roman *Garten, Asche* bildete.

Zentraler Held ist der pensionierte jüdische Eisenbahninspektor Eduard Sam. Als Eremit und Wanderphilosoph, als Trinker und Phantast war der Mann mit dem Stern schon die dominierende Figur des lyrischen und skurrilen Kindheitsromans *Garten, Asche* gewesen.

Zur dürren Chiffre verknappt – von Eduard Sam sind nur die Initialen E.S. geblieben – beherrscht die mythische Vaterfigur auch die *Sanduhr*. Der geschichtliche Hintergrund des Romans ist der Holocaust in Mitteleuropa, im alten Pannonien. Dieses weite

Land zwischen der Wojwodina und West-Ungarn war einst die Heimat der pannonischen Juden, die dort zusammen mit Ungarn und Serben, Kroaten und Deutschen lebten.

In der *Sanduhr* beschwört Kiš noch einmal sein geistiges Erbe: die versunkene Welt seines Vaters, der in Auschwitz getötet wurde.

Der Spiegel

Dem Serbokroaten Danilo Kiš ist zur Obsession geworden, was eine Sehnsucht fast aller Literatur ist. Kiš schreibt wider die Vergänglichkeit, wider das Vergessen. Sein Werk – längst ein Dauergeheimtip – ist Spurensuche, Spurensicherung: Gedenken an die Opfer des stalinistischen Terrors, Rekonstruktion der eigenen Kindheit und der Geschichte des Vaters und der vom Autor ironisch »Familienzirkus« betitelten Trilogie, zu der neben *Frühe Leiden* und *Garten, Asche* der von Ilma Rakusa hervorragend übersetzte Roman *Sanduhr* gehört. Aber dieser Autor, den die Vergangenheit nicht losläßt, ist alles andere als ein Denkmalpfleger oder Archivar. Er will, in subtiler Mischung aus scheinbar Dokumentarischem und Fiktivem, das unwiderbringlich Verlorene neu schaffen. Er will eine dem Untergang bestimmte Welt erforschen, um sie, in Gedanken wenigstens, zu bewahren. Kiš horcht diese Welt ab, Pannonien 1942, Land zwischen Wojwodina und Westungarn; und die Geräusche, die er vernimmt, sind, übertönt durch die Geschichte, so leise, »wie wenn Wasser aus einem Gefäß in ein anderes rinnt oder der Sand durch die Sanduhr«.

Es ist das Besondere von Danilo Kiš' Prosa, die Kunst ihrer Komposition, daß sie das Unvereinbare zu verbinden vermag, Komik und Tragik, Lakonie und Pathos, positivistische Detailtreue und Metaphysik. Nicht Verdrängung oder philosophische Verharmlosung des konkreten Schreckens bedeutet des Helden und seines Autors Nachdenken über die Todesverfallenheit allen Seins. Inmitten des Grauens wird die Metaphysik zum einzigen Trost, weil sie das Unerklärliche erträglicher zu machen scheint.

F.A.Z.